Ibiza · Formentera · Menorca

Und Mallorca? Nein, die Hauptinsel ist diesmal nicht dabei – da können die kleinen Schwesterinseln beweisen, dass sie Klasse haben, und zwar jede auf ihre Weise. Denn unterschiedlich sind sie, was Landschaften Klima, Brauchtum und Sprache betrifft, und auch die Geschichte der Inseln verlief keinesfalls immer einheitlich.
Nahezu gegensätzlich ist das Erscheinungsbild der Drei bei den Besuchern: Ibiza hat den Ruf eines Paradiesvogels, Formentera den einer stillen Insel für Individualisten, und Menorca gilt als eher spröde Schönheit mit englischem Touch. Klischees? Wir werden sehen.

Was aber, bei aller Verschiedenheit, eint die kleinen Balearen-inseln? Vielleicht dies: Dass sie nicht so sein wollen wie das übermächtige Mallorca. Kleiner und feiner also, und ohne zuviel Massentourismus. Doch geht das, wenn der Fremdenverkehr der mit Abstand wichtigste Wirtschaftszweig ist? Am besten, so scheint es, ist die Rechnung – aus Urlaubersicht jedenfalls – bei Menorca und Formentera aufgegangen. Formentera verströmt, bei allen Veränderungen der letzten Jahre, noch immer den Charme einer Aussteigerinsel; und Menorca, begünstigt durch viel ursprüngliche Natur und das Erbe prähistorischer Steinmonumente, wird zu Recht oft ein riesiges Freiluftmuseum genannt. Hinzu kommt: 46 Prozent der Fläche Menorcas stehen unter Naturschutz – nicht nur in Spanien ein Rekord.

Ganz anders spricht man gern von Ibiza, mit dem dieser HB-Bildatlas beginnt: Beim jungen Publikum genießt die ›Isla blanca‹ den Ruf der heißesten Partyinsel des ganzen Mittelmeers. Der entsprechend verbreiteten Annahme, dort herrsche, gleich neben blauen Buchten und blühenden Mandelgärten, eine Fiesta ohne Ende, wird auch hier nicht widersprochen – nicht ganz jedenfalls. Doch es gibt schließlich auch die seit 1999 Unesco-geschützte Altstadt von Eivissa (Ibiza-Stadt), die alten Wehrkirchen im Landesinneren, versteckte Strände und Buchten, eine vorgelagerte Insel, die Teil des versunkenen Atlantis sein soll … Es lohnt sich, auch die bekannteste der drei kleineren Baleareninseln genauer zu erkunden.

Zusammen mit dem HB-Bildatlas Nr. 212 ›Mallorca‹ ersetzt dieser Band die alte Ausgabe Nr. 117, die sich dem gesamten Balearen-Archipel widmete. Niklaus Schmid, der seit über zwanzig Jahren auf Formentera lebt, ist der Autor dieses Bandes; Mike Schröder aus Hamburg hat, exklusiv für diese Ausgabe, alle Fotos gemacht.

Auf Ibiza findet man beides: Rummel am Sandstrand – oder eine ruhige Felsenbucht wie hier an der Punta Arabí bei Es Canyar.

Titel: Reiterfest Sant Joan in Ciutadella auf Menorca.

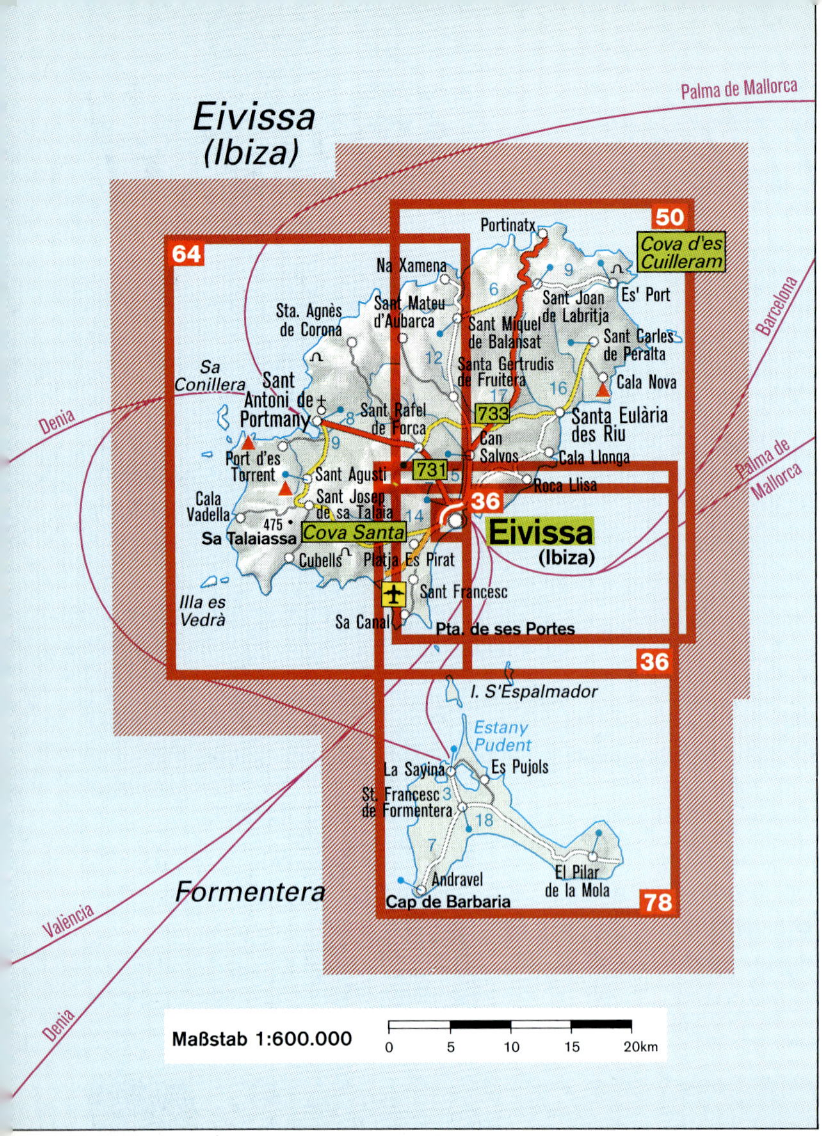

Eivissa
(Ibiza)
Palma de Mallorca
Barcelona
Denia
València
Portinatx
Cova d'es Cuilleram
Na Xamena
Sant Mateu d'Albarca
Sant Joan de Labritja
Es' Port
Sant Miquel de Balansat
Sant Carles de Peralta
Sta. Agnès de Corona
Santa Gertrudis de Fruitera
Cala Nova
Sa Conillera
Sant Antoni de Portmany
Sant Rafel de Forca
Santa Eulària des Riu
Can Salvos
Cala Llonga
Port d'es Torrent
Sant Agustí
Sant Josep de sa Talaia
Roca Llisa
Cala Vadella
Sa Talaiassa
Cova Santa
Eivissa
(Ibiza)
Cubells
Platja Es Pirat
Sant Francesc
Illa es Vedrà
Sa Canal
Pta. de ses Portes
I. S'Espalmador
Estany Pudent
La Sayina
Es Pujols
Sant Francesc de Formentera
Formentera
Andravel
El Pilar de la Mola
Cap de Barbaria
733
731
50
64
36
78
Maßstab 1:600.000
0 5 10 15 20km

Barcelona
Menorca
Cap de Cavalleria
Binimel-la
Fornells
Cova Polida
Cala Morell
Santa Àgueda
Port d'Addaia
Cap de Favàritx
Cap Menorca o Bajoli
Ciutadella
Naveta des Tudons
Ferreries
Mercadal
El Toro
S' Albufera
P. Nat. S' Albufera de 's Grau
Es Grau
Cala Blanca
Cala Galdana
Es Migjorn Gran
S. Cristòbal
Alaior
Talaiot Torellonet
Cala Mesquida
Tamarinda
Cap d'Artrutx
Cala Turqueta
Sant Tomàs
Son Bou de Baix
Maó (Mahó)
Cala En Porter
Cova d'En Xoroi
Sant Climent
Es Castell
Sant Lluís
Binibèquer Vell
S' Algar
Punta Prima
Palma de Mallorca, Valencia
721
723
92
108
Maßstab 1:600.000
0 5 10 15 20km

BADALONA
BARCELONA
L'HOSPITALET DE LLOBREGAT
Castelldefels
Sitges
Vilafranca d. Penedès
Martorell
Montblanc
Poblet
Valls
Reus
TARRAGONA
Cap de Salou
Cambrils
Costa Daurada
Caspe
Mequinenza
Alcañiz
Gandesa
Tortosa
Amposta
Cabo de Tortosa
Parc nat. Delta de l'Ebre
St. Carles de la R.
Vinaròs
Benicarló
Morella
Teruel
Alcalà de Xivert
Torreblanca
Orpesa
Benicàssim
CASTELLÓ DE LA PLANA
Vila-real
Borriana
Nules
Onda
La Vall d'Uixó
Costa del Azahar
Islas Columbretes
Sagunt
Llíria
Moncada
Burjassot
VALÈNCIA
Golf de València
Torrent
Requena
Utiel
Silla
Sueca
Cullera
Alzira
Xàtiva
Tavernes d. l. V.
Gandia
Oliva
Denia
Xàbia
Cabo de la Nao
Costa Blanca
Alcoi
Benidorm
Altea
Calp
La Vila Joiosa
San Juan d.A.
ALACANT
ELX
Elda
Villena
Yecla
Jumilla
Santa Pola
Crevillente
Almansa
Comunidad Valenciana
Illes Balears
Menorca
Ciutadella
Ferreries
El Toro
Alaior
Es Mercadal
Fornells
Cap de Cavalleria
Maó (Mahón)
S'Algar
Cap de Formentor
Pollença
Port de Pollença
Alcúdia
Port de Sóller
Sóller
Puig Major
Serra de Tramuntana
Valldemossa
Inca
Muro
Sta. Maria del Camí
Artà
Cala Rajada
Es Cap de Ferrutx
Banyalbufar
Andratx
I. Sa Dragonera
Magaluf
PALMA de Mallorca
S'Arenal
Montuïri
Manacor
Sineu
Cala Millor
Portocristo
Coves del Drac
Llucmajor
Felanitx
Campos
Cala d'Or
Colònia de Sant Jordi
Santanyí
Cap de ses Salines
Mallorca
Cabrera
P.N. de Cabrera
Eivissa (Ibiza)
Sant Joan de Labritja
Punta Grosa
Cuilleram
St. Antoni de P.
Sta. Eulària d.R.
Cova Santa
Sant Francesc d. F.
Formentera
Maßstab 1:2.500.000
0 25 50 75 100 150km

Inhalt

Ibiza, Formentera, Menorca – ein Bilderbogen

6 Karibikfarben vor der Tür
8 Start klar zur Wassersause
10 Die Nacht zum Tage machen
12 Rätselhafte Riesensteine
14 Mit dem Fummel fing es an
16 Insel im eigenen Rhythmus
18 Stille Insel, starkes Licht
20 Ibiza, Formentera, Menorca: Land, Leute und Geschichte

Party mit Kulturkulisse: Eivissa, die Hauptstadt

22 Berühmte Wahl-Ibizenker · Nachtleben · Passeig de Vara de Rey · La Marina und die Hafenmole · Carrer de la Verge · Sa Penya · Oberstadt Dalt Vila · Hausstrände Ses Figueretes und Talamanca
36 Karte mit Stadtplan von Eivissa
37 Wo gibt es was?

Ibizas Norden: Bauern und Blumenkinder

38 Santa Eulària des Riu · Tagomago · Jesús · Punta Arabí und die Buchten Llenya, Mastella, Boix und Pou des Lleó · Sant Carles de Peralta, Las Dalias · Cova des Cuieram · Sant Miquel de Balansat
50 Autokarte
51 Wo gibt es was?

Rummel oder Ruhe: Sant Antoni und der Süden

52 Sant Antoni de Portmany · Cala Bassa, Cala Comte und die Illa sa Conillera · Santa Agnès · Sant Mateu d'Aubarca · Santa Gertrudis de Fruitera · Sant Josep de sa Talaia · Platja des Codolar · Cala d'Hort · Es Vedrà · Ses Salines
64 Autokarte
65 Wo gibt es was?

Stille Tage auf Formentera

66 Inselhauptstadt Sant Francesc · La Savina und die Lagunen · Es Pujols · Sant Ferran de ses Roques · Landspitze Trucadors · Formenteras Strände: Ses Illetes, Llevant und Platja de Migjorn · Hochebene La Mola · Cap de Barbaria
78 Autokarte
79 Wo gibt es was?

Käse, Gin und dicke Steine: Menorcas Osten

80 Mahón (Maó) und das Erbe der Briten · Camí des Cavalls und Camí d'en Kane · Zeugen der Vorgeschichte: Taules, Navetes und der Talaiot von Trepucó · Alaior · An der Nordküste: Cap Favaritx, Fornells und Es Grau · Im Süden: Sant Lluís, Binissafúller und Binibèquer Vell
92 Autokarte
93 Wo gibt es was?

Menorcas Westen – vornehm auf Distanz

94 Ciutadella und das Reiterfest Sant Joan · Naveta des Tudons · La Vall · Wandern im Barranc d'Algendar · Strände im Südwesten: Son Saura, Cala Turqueta, Cala Galdana · Ferreries · Es Mercadal · Am Monte Toro
108 Autokarte
109 Wo gibt es was?

Anhang

110 Touristik-Informationen mit Reisedaten
111 Ausgewählte Hotels und Restaurants
112 Touristik-Informationen mit Klimatabelle
113 Register, Impressum, Zeichenerklärung der Karten
114 Vorschau
Lieferbare Titel

Abseits der Badeorte gibt es noch die Landwirtschaft. Und der Strohhut ist kein Urlaubsutensil, sondern Teil der Arbeitskleidung.

Karibikfarben vor der Tür

Formenteras Strände gehören zu den schönsten und saubersten des Mittelmeers; vor allem Segler und Sportbootkapitäne schwärmen von der Karibikstimmung. Fast unwirklich schön sind die Buchten im Norden. Wie ein Finger zeigt dort die schmale Landzunge Trucadors nach Ibiza, gesäumt von kilometerlangen Stränden mit feinstem weißen Sand und Wasser in allen Farben von Türkis bis Tintenblau. Je nach Wunsch kann man in bewegtem oder völlig glattem Wasser schwimmen: Eine Seite wird immer von der Landzunge geschützt.

Nur ein paar urige Strandrestaurants stehen auf der Landspitze Trucadors. Die beiden Strände, im Osten Llevant, im Westen Ses Illetes, dürfen sich mit der blauen Europaflagge schmücken.

DUARRY-BUS

Start klar zur Wassersause

Aktivurlauber, aufgepasst: Bei Ibiza liegen Sie mit der Wahl Ihres Urlaubsziels goldrichtig. Endlich einmal Wasserski fahren? Kein Problem. Segeln und surfen? Fast überall möglich. Vielleicht sogar hoch hinaus? Da wären Parasailing oder Spinnakerfliegen das Richtige. Lieber in die blaue Tiefe? Tauchschulen gibt es mehr als genug. Und Strände, so viele, so wunderschöne … Aber halt: Hier kommt noch ein Gummiboot ins Spiel, die unvermeidliche ›Banane‹. Alles aufsitzen, der Ritt über die Wellen beginnt!

›Banane‹ heißt die riesige Gummizigarre – auch an der Platja d'en Bossa vor der Burg von Eivissa darf sie nicht fehlen. Bis zu acht Passagieren bietet sie Platz, gezogen wird sie von einem Motorboot.

Die Nacht zum Tage machen

Auch das hat Ibiza berühmt gemacht: Nightlife rund um die Uhr. Kurz vor Mitternacht schlägt die Stunde der Discos von Eivissa, der Hauptstadt – mit Laserlicht, schneller Musik, Misswahlen, Themennächten, Wettbewerben. In diesen Tanztempeln trifft sich die Internationale der Spaßgeneration, feiern Promis neben Pauschaltouristen, tanzen Ausgeflippte mit Normalos, bis die Füße, Ohren, Augen schmerzen. Und für den, der die Sonne um jeden Preis meiden will, gibt es auch noch eine Disco, die erst nach Sonnenaufgang öffnet.

Das ›Pacha‹ im neuen Hafen von Eivissa ist schon ein Oldie unter den Discos. Regelmäßig legen hier DJs aus London auf, heizen Mitternachtsshows den Tänzern ein.

Rätselhafte Riesensteine

Menorca ist berühmt für seine geheimnisvollen Kultstätten aus der Vorzeit. Frühmorgens oder wenn die Schatten länger werden, spürt der Betrachter die Magie dieser Steine. Taulas, die riesigen Steintische, gibt es nur hier. Dienten sie als Opferaltäre? Oder zu kosmischen Berechnungen? Ihre Rätsel sind bis heute nicht gelöst. Hinzu kommen Navetas, die wie umgestülpte Schiffe aussehen, ungezählte Grabhöhlen und einige hundert Rundtürme aus Kalksteinblöcken, Talaiots genannt. Ihre Vielzahl macht Menorca zu einem Freilichtmuseum.

Eine schöne Taula gehört zur Siedlung Torralba d'en Salort bei Alaior. Rings um den eindrucksvollen ›Tisch‹ stehen Säulen und Mauerreste.

Mit dem Fummel fing es an

Ende der sechziger, Anfang der siebziger Jahre wurde auf der ›Isla blanca‹ der Ibiza-Look kreiert. Eine pfiffig lockere Mode, die oft mehr zeigte als sie verbarg und die vor allem ein Lebensgefühl ausdrückte. Hippie wollte damals jeder sein, und sei es nur für zwei oder drei Wochen. Ihren Ruf verdankten die modischen Fummel kreativen Zugereisten und den fleißigen ibizenkischen Frauen, die von alters her mit Geschick ihre Trachten gefertigt hatten. Die Zeit änderte sich und mit ihr auch die Inselmode. Als ›Adlib-Mode‹ – ad libitum, wie es euch gefällt – ist sie fast schon Geschichte.

Ob ganz in Weiß, durchsichtig, gerafft oder geschlitzt – immer noch findet man auf Ibiza Mode, die ihren Ursprung auf der Insel hat, wie hier in der Boutique Dora Herbst.

Insel im eigenen Rhythmus

Die Bewohner Menorcas zeichnet vor allem eines aus: Ruhe und Gelassenheit. Deshalb bietet ihre Insel keine Nightlife-Rekorde wie Eivissa oder Palma, deshalb zieht sie naturverbundene Urlauber eher an als die, denen Unterhaltung wichtiger ist. Überhaupt hat sie ihre ganz eigenen Fans; in der Mehrzahl sind es Engländer, die zu Menorca eine enge geschichtliche Verbindung haben. Wer aber nun glaubt, die Menorquiner besäßen kein Temperament, der hat die Festa de Sant Joan noch nicht erlebt: Das Reiterfest im Sommer ist eine der aufregendsten Fiestas ganz Spaniens.

Übers Jahr werden auf Menorca in allen Gemeinden – hier Ferreries – die Patronatsfeste begangen. Volkstracht und Kastagnetten gehören immer dazu.

Stille Insel, starkes Licht

Im Osten Formenteras, hundert Meter über der Brandung, steht ein alter Leuchtturm auf der Klippe. Schön ist es hier zu jeder Tageszeit, aber zu einem richtigen Erlebnis wird der Platz nach Einbruch der Dunkelheit. Wenn das Leuchtfeuer zu kreisen beginnt, kommen manchem Betrachter wundersame Gedanken – vielleicht an jenen Jules Verne, der zwar wohl nie auf der Insel war, ihr in seinem Roman ›Reise durch das Sonnensystem‹ gleichwohl eine Hauptrolle zugedacht hat. Neben dem Far de la Mola hat man ihm deshalb einen Gedenkstein errichtet.

Die Hochebene La Mola, auf der 1861 der Leuchtturm gebaut wurde, ist Formenteras einzige nennenswerte Erhebung – mit gerade einmal 192 Metern.

Ibiza · Formentera · Menorca:

Ungleiche Schwestern

Ibiza, Formentera und Menorca: So eng diese drei Inseln auch beieinander liegen, so unterschiedlich sind sie. Mit Mallorca gehören die ungleichen Schwestern zur Inselgruppe der Balearen. Im Altertum waren ihre Bewohner die berühmten (und gefürchteten) Steinschleuderer; nach dem griechischen Wort ›bállein‹ für ›schleudern‹ heißt der gesamte Archipel ›Balearen‹. Am Anfang waren damit allerdings nur Mallorca und Menorca gemeint; Ibiza und Formentera bezeichneten die alten Griechen als Pityusen, ›pinienreiche‹ Inseln.

Viel hat sich seither verändert: Das Steineschleudern ist heute ein sportlicher Wettbewerb, den man zum Beispiel in Sant Josep de sa Talaia auf Ibiza noch pflegt. Unverändert blieb aber der Name Balearen für alle vier Inseln – so unterschiedlich sie auch sein mögen.

Die balearische Geschichte ist eine Geschichte der Eroberungen. Den Kirchen sieht man ihren wehrhaften Charakter deutlich an.

Unsere Mauren, eure Briten

Dabei verläuft die Geschichte aller vier zum großen Teil parallel: Phönizier (bzw. Karthager oder Punier, ab ca. 700 v. Chr.) dann Römer (um 123 v. Chr) und Wandalen (um 426 n. Chr.), Franken und Araber (bzw. Mauren), schließlich Katalanen und Aragonier waren überall die Eroberer. Nur Menorca, das 1713 für knapp hundert Jahre an England fiel, ging zeitweilig eigene Wege; bis heute haben die Menorquiner deshalb zu ›ihren Briten‹ eine besondere Beziehung. Ibiza und Formentera dagegen folgten wie Mallorca dem spanischen Festland, das sich nach dem Aussterben der spanischen Habsburger dem Haus Bourbon anschloss.

Nachhhaltig geprägt hat alle drei Inseln die Epoche der Mauren: Zwar währte sie nicht so lange wie auf dem Festland – Teile Andalusiens waren von 711 bis 1492 maurisch –, aber doch deutlich über drei Jahrhunderte: 902/03 wurden die Balearen von den Mauren erobert, und erst 1235 (Einnahme Eivissas durch den Erzbischof von Tarragona im Auftrag König Jaume I. von Aragon) beziehungsweise 1287 (Eroberung Menorcas durch Alfonso II. von Aragon und Katalonien) mussten die Araber der christlichen Rückeroberung (›Reconquista‹) weichen.

In Kunst, Wissenschaft, Handwerk und Landwirtschaft (Bewässerungstechnik, Terrassenfeldbau) hat diese Epoche Spanien und den Inseln enorme Impulse gegeben. Bauliche Vermächtnisse wie die Alhambra in Granada oder die Moschee von Córdoba sucht man auf den Balearen aber vergeblich: Die christlichen Eroberer beeilten sich, alle Spuren der Mauren gründlich zu tilgen und auf den Grundmauern ihrer Moscheen und Paläste Klöster und Kathedralen zu errichten.

Havanna statt Mahón

Trotz der historischen Parallelen: Es gibt Ibizenken, Formenterenser und Menorquiner, den Balearenbewohner als einheitlichen Menschenschlag aber gibt es nicht. Auf Menorca etwa herrschen traditionell ganz andere Besitzstrukturen als auf den Pityusen: Hier gehörte der Boden schon immer einigen wenigen Großgrundbesitzern; auf Ibiza dagegen gab es viele selbstständige Kleinbauern. Und während die Einwohner Ibizas und Formenteras noch verwandtschaftlich miteinander verknüpft sein mögen – die Inseln sind schließlich nur durch einen schmalen Wasserarm voneinander getrennt –, so liegen Mallorca und vor allem Menorca doch sehr weit entfernt.

Sollte er mal Urlaub machen, wird der Formenterenser deshalb eher nach Paris oder London fliegen, als die Fähre nach Mallorca zu buchen. Oder gar nach Menorca, das er nur auf dem Umweg über Mallorca erreichen könnte? Was soll er da? Strände, Sonne und Wasser? Das hat er zu Hause auch. Aber nach Kuba, wohin seine Vorfahren ausgewandert sind, dahin wollte er schon immer mal. Das Ziel wird gerade im Reisebüro angeboten. Außerdem macht es mehr her.

Golfplatz – ja oder nein?

In einer Hinsicht aber sitzen alle Balearenbewohner im selben Boot: Ob man es mag oder nicht, die größte Einnahmequelle ist für alle vier Inseln der Tourismus. 1999 kamen über 1,7 Millionen Gäste nach Ibiza und Formentera – bei rund 90 000 ständigen Bewohnern –, circa 800 000 nach Menorca mit seinen 67 000 Einwohnern und über 7,8 Millionen nach Mallorca, das etwa 630 000 Einwohner zählt.

Die Zahlen verdeutlichen, dass Ibiza und Formentera vom Tourismus stärker abhängig sind als Menorca. Die im Sommer 1999 gewählte Pityusen-Regierung unterstützt nun Bestrebungen, die Fremdenverkehrssaison zu verlängern. Hier könnte Mallorca Modell sein, wo u. a. der Sporttourismus (Radfahren, Wandern) den Weg zum Ganzjahrestourismus geöffnet hat, während es auf den kleineren Inseln zwischen November und April sehr still ist.

Auf den Golftourismus setzen alle Baleareninseln. Die Naturschützer protestieren gegen den großen Landschaftsverbrauch.

Auf Menorca dagegen kann man sich größere Zurückhaltung leisten: Die Insel hat eine gewachsene Kleinindustrie, von der Käseherstellung über die Modeschmuckindustrie bis zur Schuh- und Lederwarenmanufaktur. Dass man auf die Anerkennung der gesamten Insel als Unesco-Biosphärenreservat stolz ist, hat dennoch auch mit dem Tourismus zu tun: Das Image einer ›grünen Insel‹ sorgt für steigende Besucherzahlen.

Ein Vorbild für Ibiza und Formentera, die keine Industrie besitzen? Die Natur zu schonen und die Traditionen zu wahren, riet König Juan Carlos anlässlich eines Besuchs. Leicht gesagt – doch wie soll man vorgehen? Die Meinungen klaffen auseinander. Ein zweiter Golfplatz auf Ibiza? Unbedingt, sagen diejenigen, die mit weniger Besuchern mehr Geld verdienen möchten, die Qualitätstourismus statt Quantität fördern möchten. Auf keinen Fall, protestieren die Umweltschützer. Die ursprüngliche Schönheit der Landschaft müsse erhalten bleiben, wolle man sich nicht für alle Zukunft das Wasser selbst abgraben.

Der Streit dauert an. Einig ist man sich jedoch im Grundsatz: Zum Tourismus gibt es keine Alternative; er ist die tragende Säule der Wirtschaft aller Balearen. Nur seinetwegen sind die vier Inseln die reichste Region Spaniens, sind die Wachstumsraten doppelt so hoch wie auf dem Festland, ist das Pro-Kopf-Einkommen das höchste ganz Spaniens. Zwar wurde der Zuwachs nicht gerecht verteilt, doch brachte er so etwas wie allgemeinen Wohlstand.

Land, Leute und Geschichte

Die ›Leute von draußen‹

Etwas anderes hat sich durch den Tourismus ebenfalls verändert: Noch in den 60er Jahren mussten sich die Männer von Ibiza und Formentera auf fremden Schiffen verdingen, weil es zu Hause keine Arbeit gab. Viele wanderten gar aus, wie seit dem 19. Jahrhundert schon, aber nicht mehr nach Südamerika, sondern als Gastarbeiter nach Frankfurt, Toulouse oder London. Doch mit dem Tourismus, der auf Ibiza schon in den späten 50ern einsetzte, kehrten die Verhältnisse sich um: Nun kamen Zuwanderer aus den ärmeren Festlandsregionen, um auf den Inseln im Restaurant zu kellnern oder auf dem Bau zu schuften.
Außer diesen ›gent de fora‹ (›Leute von draußen‹) leben noch rund 15 000 Ausländer auf den Inseln, die ›Residenten‹. Niemand kennt ihre genaue Zahl. Sie leben hier ganzjährig oder für Monate, unter ihnen Maler und Musiker, Träumer und Tunichtgute, aber auch Tatkräftige. Es gibt Leute, die auf Ibiza eine deutsche Schule oder auf Formentera eine Zahnarztpraxis eröffnet haben, die auf Menorca als Reiseleiter arbeiten oder einen Bauernhof führen.
Im Gegensatz zu Mallorca, wo sich einige Alteingesessene durch die Hinzugezogenen bedroht fühlen, geht man auf den kleineren Inseln mit diesem Problem gelassener um. Vielleicht weil es hier Tradition hat. ›Sie werden wieder weggehen – oder so wie wir werden‹, sagen die Alten und vertrauen der Erkenntnis: Kleine Inseln prägen ihre Bewohner.

Viele ›Leute von draußen‹ haben auf den Inseln Geschäfte gegründet – zum Beispiel mit der Herstellung von Puppen in Tracht.

Fragile Natur

Die Balearen liegen auf der Höhe Valencias zwischen 80 und 200 Kilometer vom Festland entfernt, mit dem sie vor Jahrmillionen verbunden waren. Sie bestehen vorwiegend aus Sandstein und Kalk, dem der Wind aus dem Norden, der kalte Tramuntana, kräftig zusetzt. Menorcas zerklüfteter Nordküste ist dies deutlich anzusehen; Ibiza und Formentera dagegen liegen soviel weiter südlich, dass die Kraft der Nordstürme bereits gebrochen ist. Dafür macht sich dort der Migjorn, ein heißer Südwind, bemerkbar: Er führt im Sommer Staub aus der Sahara mit sich. Weht er länger als zwei Tage, liegen sich die Urlauber in den Haaren und wissen nicht warum. Fällt Regen, hinterlässt er rote Schlieren auf den gekalkten Häusern. Doch im Sommer regnet es selten, so selten sogar, dass die Wasserversorgung zum Problem werden kann.
Oft liefert nur der nächtliche Tau Feuchtigkeit. Um den feinen Niederschlag aufzufangen, graben die Bauern auf Formentera Kuhlen um die Weinstöcke. Auch die Wildpflanzen haben sich darauf eingestellt: die Pinien mit bis zu 30 Meter langen Wurzeln, die Sukkulenten mit fleischigen Blättern, die den Tau speichern, unter ihnen die Opuntien (Ohrenkakteen), die hinter den Fincas ganze Wäldchen bilden können. Auf Menorca prangen im Frühjahr die Wildblumen wie auf Almen, auf Ibiza und Formentera ist ihre Pracht eher zart und auch nicht von großer Dauer. Doch im März oder April stehen auch dort Gladiolen, Malven und gelber Sauerklee am Weg, und auf den Feldern bilden Margeriten und Klatschmohn bunte Teppiche. In der ›Garigue‹, der typischen Buschvegetation, setzen sich genügsamere Pflanzen wie Rosmarin, Thymian und die nach Curry duftenden Katzenpfötchen oder Immortellen durch; als Trockenblumen halten sie problemlos ein Jahr.

Wie klingen Siebenschläfer?

In lauen Sommernächten hört man dieses Geräusch: Was wie schwingende Drähte klingt, ist der Gartenbilch aus der Familie der Siebenschläfer. Er hat einen buschigen Schwanz mit weißer Spitze und trägt eine schwarze Gesichtsmaske; nur auf Formentera gibt es den putzigen Gesellen. Dafür kann Ibiza mit einer eigenen Hunderasse aufwarten, dem rostbraunen oder sandfarbenen ›Podenco ibicenco‹, der seit alters für die Kaninchenjagd gezüchtet wird.
Viele Säugetiere gibt es aufgrund der Insellage nicht. Die scheue Ginsterkatze wird kaum jemand zu Gesicht bekommen, auch nicht den Marder, eher schon Fledermäuse. Selten geworden sind die Meeresschildkröten, und nur mit Glück wird man bei der Überfahrt von Ibiza nach Formentera Delfinen begegnen. Wer Pech hat und mit den Giftstacheln des Petermännchens Bekanntschaft macht, muss einen Arzt aufsuchen; der flache Fisch wühlt sich am Strand gern in den Sand ein, kann aber auch Anglern an den Haken kommen. Harmlos sind dagegen die Eidechsen, die geduldigen Beobachtern gern die Beine hoch klettern.

Im Frühjahr duften die Inseln intensiv. Dann bedecken Wildkräuter, hier wilder Thymian, die Brachflächen der Garigue.

Vielfältig ist die Vogelwelt; über 200 Arten hat man gezählt, einheimische und solche, die hier nur Rast machen. Im April und Mai sieht man Goldammer, Bienenfresser, Rotkehlchen, Amseln und Finken; etwas später tauchen Mauersegler und Schwalben, die eigenartig schnarrenden Ziegenmelker sowie Nachtigall und Kuckuck auf. Drosseln, die sich im Herbst vor dem Weiterflug nach Afrika noch an den Wacholderbeeren einen Fettvorrat anfressen, wird noch immer arg nachgestellt; die zebragestreiften Wiedehopfe dagegen werden von den Jägern in Ruhe gelassen. Greifvögel wie Zwergadler, Wespenbussard, Falke und Roter Milan halten sich in den gebirgigen Gegenden auf. Von den selten gewordenen Kolkraben krächzen nur noch einige Paare an der Steilküste von La Mola auf Formentera.

Den Olivenbaum haben die Phönizier, vielleicht auch erst die Römer, auf den Balearen heimisch gemacht.

Seit dem 1. Dezember 1999 ist es offiziell: Die Altstadt von Eivissa, hier der berühmte Blick vom Hafen aus, ist Unesco-Weltkulturerbe.

Party mit Kulturkulisse: Eivissa, die Hauptstadt

Sie ist eine der ältesten Metropolen am Mittelmeer. Karthager gründeten sie, und sie wählten einen ausgesprochen malerischen Platz dafür aus: Wie eine Pyramide spiegelt sich im Hafenwasser der Stadthügel, mit verschachtelten weißen Häusern, einer ockerfarbenen Festungsmauer auf halber Höhe und der Kathedrale als Krone obenauf. Dazu das milde Klima. Und eine Bevölkerung, die mit Gelassenheit den Fremden zuschaut, wie sie sich ›un poco loco‹, ein wenig verrückt, gebärden – das ist Ibiza (oder Eivissa), die Hauptstadt der Insel gleichen Namens.

△ Eine der Traditionsterrassen in Eivissas …

△ Abfahrt der Autofähre nach Formentera

… ehemaligem Fischerviertel Sa Penya ▽

Damit kommt man gut durch die Gassen ▽

△ Rückkehr von der Tagestour nach Formentera

Superlässig im Hafen von Eivissa: Tattoos sind in ▽

Um die Mittagszeit herrscht die größte Stille in der Stadt. Jeder hält sich zu Hause auf. Um ein oder zwei Uhr wird zu Mittag gespeist, worauf man der Ruhe pflegt.‹ Seit Erzherzog Ludwig Salvator von Österreich, ab 1871 prominenter Gastbürger der Nachbarinsel Mallorca, diese Schilderung an Bord seiner Yacht ›Nixe‹ im Hafen von Eivissa verfasste, hat sich vieles verändert – eigentlich alles. Eivissa verschlafen? Nicht mehr die Spur! Doch geblieben ist der unverwechselbare Anblick der Stadt, die mittlerweile den katalanischen Namen ›Eivissa‹ trägt. Ungebrochen auch ihre Anziehungskraft und die der ganzen Insel, die wir weiterhin Ibiza nennen. Blendend weiße Häuser, grüne Hügel, malerische Buchten: Stadt und Insel präsentieren sich dem Besucher mit offenen Armen.

Echte Kunst, falscher Picasso

Denn Offenheit, auch gegenüber dem Unkonventionellen, hat in Eivissa eine lange Tradition. Mehr noch, schräge Vögel zog diese Stadt fast magisch an. Einige wurden Legende: der Amerikaner Clifford Irving etwa, der in Eivissa die Memoiren des schrulligen Milliardärs Howard Hughes fälschte, einen Riesenvorschuss erschwindelte und mit seinem Coup die Vorlage für den ZDF-Krimi ›Der Scheck heiligt die Mittel‹ von Jürgen Roland lieferte. Das war Anfang der siebziger Jahre. Zur gleichen Zeit malte auf dem Mühlenhügel der geniale Kunstfälscher Elmyr de Hory seine Picassos, Monets und Modiglianis. Auch über ihn schrieb Irving ein Buch, das wiederum den Stoff für Orson Welles' Film ›Fake‹ lieferte. Eine Symbolfigur war auch Ernesto Ehrenfeld, der 1952 kam, Gedichte schrieb und mit Bildern handelte. Stets mit schwarzem Hut und einer Bildermappe unter dem Arm, gehörte er zum Hafenbild. Als er 1978 starb, hinterließ er zur Überraschung aller, die seinen spartanischen Lebensstil kannten, den ›begabten, elternlosen Kindern der Stadt Ibiza zur beruflichen Förderung‹ ein Vermögen.

Ernesto war natürlich nicht der erste Ausländer, der Ibiza zur Wahlheimat gemacht hatte. Schon Anfang der

△ Die Galerie Carl van der Voort zeigt Bilder, Schmuck und Skulpturen hinter historischen Mauern

△ Sobrasadas, mit Paprika gewürzte Würste, sind eine Spezialität

△ Praktisch: typische Ibiza-Körbe

Einladend: Bar in der Unterstadt ▽

Eivissa bürgerlich: schöne Stadthäuser am Passeig de Vara de Rey ▽

1930er-Jahre wählte der Münchener Maler und Architekt Erwin Broner die Insel als Fluchtpunkt und traf dort den Schriftsteller Walter Benjamin, den Dada-Künstler Raoul Hausmann und den Maler Wolfgang Schulze, der als Hauptmeister des Tachismus unter dem Namen ›Wols‹ berühmt wurde.

In den Jahren der Republik bis 1935 war Eivissa auch für spanische Maler, Journalisten und Schriftsteller einer der wichtigen Treffpunkte. Als sich Francos Sieg abzeichnete, ging die spanische Szene in den Untergrund, und die deutschen Emigranten verließen die Insel. In den fünfziger Jahren kehrte Erwin Broner aus Amerika zurück, baute einige Häuser in dem von ihm bewunderten Ibiza-Stil und gründete mit dem Kölner Erwin Bechtold und anderen Malern die ›Grupo 59‹.

Die Sorgen der Reichen, ...

Nach diesen Wegbereitern riss der Zustrom an Fremden nicht mehr ab. Den Künstlern folgten die Hippies, den Hippies die Reichen und Schönen, die Privatjets wie Taxis benutzten und immer mal kurz reinschauen konnten, ob ihre Jacht den letzten Sturm gut überstanden hatte und ob die Villa mit Meerblick während ihrer Abwesenheit nicht abgerutscht war – wie es der Residentin Ursula Andress passierte.

Andere hatten andere Sorgen. Caroline von Monaco wurde von Fans, Ex-Kaiserin Soraya von Fotografen verfolgt. Gunter Sachs fotografierte lieber selber und wollte dabei nicht gestört werden, während Julio Iglesias die Schlangen der Fotoreporter nicht lang genug sein konnten. Soul-Großvater James Brown zeigte sich im ›KU‹, Vamp-Ikone Grace Jones im ›Amnesia‹, Robert Plant, Frontman von Led Zeppelin, sang im ›Sergeant Pepper's‹. Das Partykarussell drehte sich, und Ibiza geriet in den Ruf, vor allem eine Insel der Nachtaktiven zu sein.

... die Freuden der Jungen

Die Tourismusbeauftragten würden heute lieber davon ablenken, aber es gibt sie nun einmal: Ibizas berühmte Diskotheken mit ihren Misswahlen, Balzritualen und Transvestitenshows. Und es gibt, als Stars

△ Auf dich hab ich gewartet … Retro-Look im ›Privilege‹

△ Flirtfaktor zehn – nachts im ›Pacha‹

△ Exoten: im ›Privilege‹ …

Einst Theater, dann Kino, heute Jazzclub: das alte Teatro Pereira ▽

… und im ›Zoo‹ ▽

Oft Endstation einer langen Reise durch die Nacht: die Disco ›Amnesia‹ ▽

der Szene, die Plattenhexer, die Techno, Trance und House mixen. Die Hälfte aller jungen Besucher kommt eben, so eine Umfrage, um das Nightlife zu schnuppern. Die großen Freiluftdiscos wie das ›KU‹ (heute ›Privilege‹) und ›Es Paradis‹ mussten zwar unter feste Dächer – zu überhören sind sie deswegen noch lange nicht.

Egal für welchen Tanztempel man sich entscheidet, vor zwei Uhr nachts sollte man dort nicht erscheinen. Bis dahin kann man sich auf der ›Rennmeile‹ umschauen, in La Marina zwischen dem Café ›Mar y Sol‹ und der Bar ›Zoo‹. Man kann Livemusik im ›Teatro Pereira‹ hören, ein paar Straßen höher in Sa Penya eine der kleinen Bars besuchen, die aus alter Zeit stammen und vielleicht gerade wieder angesagt sind. Neueren Datums ist das Vergnügungsviertel am Passeig Joan Carles I. mit dem ›Pacha‹, einer einstigen Finca, und dem ›El Divino‹ mit Restaurant und herrlichem Hafenblick. Und fürs Glücksspiel das Casino. Wer etwas anderes sucht, macht sich auf den Weg nach Sant Rafel ins ›Amnesia‹. Oder, falls der Morgen schon graut, zur Platja d'en Bossa ins ›Space‹. Ibiza bietet Nachtleben rund um die Uhr.

In der Unterstadt

Man kann sich aber auch auf die Terrasse des Hotels ›Montesol‹ setzen. Das in den 1930er-Jahren gebaute Hotel, weiß, mit farblich abgesetzten Balkons und Säulen, liegt an der wichtigsten Platzanlage der Stadt – und ist *der* Treff schlechthin. Am Passeig de Vara de Rey riecht es nach Auspuffgasen, aber das stört nur Leute, die sich ins ›Montesol‹ setzen, um wirklich Kaffee zu trinken. Die meisten wollen sehen und gesehen werden. Touristen beäugen exotisch gekleidete Residenten, die wiederum tun gelangweilt oder blicken zum Denkmal für den Inselhelden Joaquín Vara de Rey oder auf die umliegenden Häuser. Mit ihren Kolonialstilfassaden sind sie die einzigen großstädtischen Bauten der Stadt.

Ein beliebter Treffpunkt ist auch die Hafenmole. Jedoch nicht, wie Ludwig Salvator schrieb, um dort ›beim süßen Klang der Gitarre Liebeslieder ertönen‹ zu lassen oder den Gefüh-

△ Die Boutique ›Paula's‹ zieht an, verzaubert, … … und abends werden die neuen Sachen ausgeführt ▽

△ So sah Mode aus, lange bevor es den ›Ibiza-Look‹ gab

△ Sie kleidete Hippies und den Hochadel ein: Dora Herbst

Ibiza hat für jede das Passende – wenn es denn passt ▽

len ›mittels der dumpfen, summenden Accorde des Brummeisens Ausdruck zu geben‹. Auch wird man die Bauernburschen, von denen der prominente Zivilisationsflüchtling erzählte, dort kaum treffen. Nein, Eivissa ist kosmopolitischer als manche europäische Hauptstadt: Was sich da durch die Gassen der Unterstadt La Marina schiebt, zwischen Korbstühlen und Klapptischen hindurch, ist ein internationales Völkchen. Und statt dumpfer Brummeisen dröhnt der Beat aus Bars und Boutiquen. Also weiter, zur Carrer de la Verge.

Karrieren mit der Nadel

Hier in der ›Gasse der Jungfrau‹ wurde die Mode made in Ibiza geboren, und ihre Schöpferin, Dora Herbst, ist immer noch en vogue. Dabei kam sie schon 1968 auf die Insel, ›mit nichts als Kunst im Kopf und hundert Mark in der Tasche‹. Sie war Malerin, stellte in Galerien aus. Da sich keiner für ihre Bilder interessierte, aber alle ihr selbstgeschneidertes Kleid kaufen wollten, fing sie mit der Mode an. Sie färbte Stoffe ein, entwarf anschmiegsame, pfiffige Hüllen, stellte auf Modemessen aus. Bald gehörten Brigitte Bardot und Königin Sofía von Spanien zu ihren Kundinnen; ›Dora Herbst‹ – zeitweise hat sie Läden in Paris, New York und Dubai – ist zum Begriff geworden, ihre Modelle werden vielfach kopiert.

Einer, der das Kopieren nicht nötig hat, ist Armin Heinemann. Ein Architekt aus Köln, der 1972 hier Urlaub macht, ›ganz normal mit Neckermann‹ – und bleibt. Er übernimmt einen Kramladen in der Straße der Jungfrau und schneidert aus alten Gardinenstoffen Durchsichtiges und Geschlitztes. Später nimmt er den geschäftstüchtigen Amerikaner Stuart Rudnick mit ins Geschäft. Die beiden spannen eine armdicke Kordel vor die Tür ihres Lädchens, das nun ›Paula's‹ heißt und einem Guckkasten mehr ähnelt als einer Boutique, und lassen Kundinnen nur noch einzeln hinein. Modenschauen folgen – eine Dekade *das* gesellschaftliche Ereignis auf der Insel. Oder ein Skandal, wenn Paulas Vorführmädchen in den Discos Cancan tanzten, mit den neuesten Fummeln drüber – und nichts drunter.

△ Von der Wand des Film-Hotels ›Palacio‹ schauen die ›Unsterblichen‹ auf die Handabdrücke prominenter Gäste

△ Die Fahne zu tragen, ist Ehrensache beim Kirchenfest Maria de las Nieves …

△ Das Portal de ses Taules zur Oberstadt

… in der Kathedrale, dem Herzstück vom Eivissa ▽

△ Blick auf die Ziegeldächer der Kirche Santo Domingo

Über abgetretene Pflastersteine zurück zur Unterstadt ▽

Die Altstadt: Weltkulturerbe

Keine Sorge: Wer Eivissa gebucht hat, weil er Architektur bestaunen und lebendige Geschichte erleben möchte, wird auch nicht enttäuscht. Im Gegenteil: Gerade diese Besucher sind auf der Insel besonders willkommen, und ihnen wird ja auch eine Menge geboten. Zum Beispiel der folgende Spaziergang: Über ausgetretene Stufen und an kleinen, weiß getünchten Häusern entlang, die wie Vogelnester am Fels kleben, durchstreift man zuerst das einstige Fischerviertel Sa Penya. Malerisch? Schon, aber es gibt auch Ecken, die den Geruch nach schlecht funktionierenden Abflüssen verströmen. Um alle alten Häuser so zu erhalten, wie sie es verdient hätten, fehlt es einfach an Geld.

Die Festungsmauer taucht auf. Mächtige Wälle mit insgesamt sieben Bastionen umgürten den Festungshügel und trennen die Unterstadt von der Oberstadt Dalt Vila. Kaiser Karl V., der als Carlos I. Spanien regierte, veranlasste 1554 den Bau des Bollwerks, das dreißig Jahre später unter der Herrschaft seines Sohnes vollendet wurde; deshalb schmückt das Wappen Philipps II. den Haupteingang über der Steinrampe.

Und nicht nur der Besucher steht beeindruckt vor dem größten Architekturmonument der Pityusen. Ausdrücklich gelobt wurde das Werk des italienischen Baumeisters Giovanni Calvi auch von den Vertretern der Unesco. Am 1. Dezember 1999 erhoben sie ›die intakte Stadtmauer als einzigartiges Beispiel militärischer Architektur und der Ästhetik der Renaissance‹ und die gesamte Altstadt von Eivissa zum Weltkulturerbe.

Filmstars, Römer, Korsaren

Dalt Vila also, die preisgekrönte Oberstadt: enge Gassen mit Kopfsteinpflaster, Geranienfenstern und Vogelkäfigen. Versteckte Ateliers wechseln mit restaurierten Herrenhäusern auf überraschend weiten Plätzen; ein ehemaliges Kloster ist das Rathaus. Eine schon historische In-Adresse ist das noble Hotel ›El Corsario‹, einst der Stadtpalast einer lokalen Piratenfamilie. Zu seinen erlauchten Gästen zählten Fürst Rainier von Monaco und der Leinwandpirat Errol Flynn. Filmreif kreuzte er

△ Meisterwerk der Sandbaukunst: Drache an Eivissas Hausstrand Ses Figueretes

△ Abkühlung muss sein: Strandbar an der Platja d'en Bossa …

... und glasklares Wasser ▽

△ Quirlig: die Platja d'en Bossa

Idyllisch: die Salinenfelder südlich von Eivissa ▽

damals mit einer schwarzen Jacht vor Ibiza auf.

Je höher man steigt, desto schöner werden die Durchblicke zwischen den weißen Häusern: dort die roten Kuppeln der Kirche Santo Domingo, dahinter die Schiffe im Hafen. Eivissas Hausstrände sind zu sehen, Ses Figueretes und Talamanca, und die Küste von Formentera. Dann ist die Hügelkuppe erreicht. Kastell und Kathedrale erheben sich da, wo bis zur Eroberung durch die Christen eine Moschee stand, zuvor ein römischer Tempel und eine frühchristliche Basilika. Das Archäologische Museum nebenan zeigt Fundstücke aus allen Epochen der Stadt. Aus dem 2. Jahrhundert v. Chr. etwa: Karthagos Hannibal hatte den Krieg gegen Rom endgültig verloren, nun übernahmen die Cäsaren die Macht auf Ibiza. Sie gaben der Kolonie den Namen ›Ebusus‹ – unter der über 300-jährigen Herrschaft der Araber wurde später ›Yabisah‹ daraus –, bauten Merkur einen Tempel und bescherten den Bürgern gepflasterte Straßen. Und zwei Marmorstatuen, die noch heute den Haupteingang zur Oberstadt schmücken – leider nur als Kopien.

Eroberer für zwei Wochen

Angriff sei die beste Verteidigung, mahnt ein Obelisk, der am Hafen zum Gedenken an die ibizenkischen Korsaren errichtet wurde, genau dort, wo heute die Kreuzfahrtschiffe und Fähren anlegen. Invasoren für einen Tag, eine Woche oder zwei? Zwar wollen Engländer, Italiener, Franzosen und Deutsche die Insel nicht mehr erobern, und doch verändern sie Ibiza nachhaltiger als alle Fremden vor ihnen – durch ihre große Zahl. Mitte der sechziger Jahre zählte man noch 75 000 Touristen, 1999 weit über anderthalb Millionen. Damit beherbergt die nur 541 Quadratkilometer große Insel doppelt so viele Touristen wie das um etwa ein Drittel größere Menorca. Die Deutschen belegen mit rund 400 000 Buchungen (für Ibiza und Formentera) hinter den 700 000 britischen Urlaubern Platz zwei. Wie die Bewohner der Pityusen, die immer gegen Eindringlinge kämpfen mussten (und lange selbst Piraten waren), mit dieser friedlichen Invasion fertig werden, ist noch nicht entschieden.

Eivissa (Ibiza-Stadt)
Jachthafen
Hafen
Leuchtfeuer
Hafengebäude
Anleger
Casino
Sant Elm
LA MARINA
SA PENYA
Markt
Kunstmuseum
Santo Domingo
Portal Nou
D ALT VILA
Rathaus
Archäolog. Museum
Kathedrale
Bischofspalais
Kastell
Punta Ratjada
Punta Mallorca
Mittelmeer
Avinguda de Sta. Eulàlia
Avinguda Ignasi Wallis
C/. de Mallorca
C/. de Menorca
Carrer de Pere Francès
C/. de Cabrera
Pereyra i Morante
C/. del Dip.
J. Ribas
Carles III
Felip II
Carles V
de Rosselló
Avinguda B.
Macabich
Plaça E. Fajarnés i Tur
Carrer de Madrid
Passeig de Vara de Rey
C/. de la Cruz
A. Palau
Constitució
C/. de sa Pedrera
Carrer d'enmig
Santa Cruz
Carrer del Bisbe Huix
Carrer de Castella
Carrer de Catalunya
Carrer Aragó
Avinguda d'Espanya
Via Púnica
Avinguda Isidor
Carrer Abad y Lasierra
Carrer Extremadura
Carrer Canàries
Carrer de Balears
Sportplatz
Markt
Avinguda de la Pau
Romana
Carrer de Joan Xico
C/. de Bes
(Camí vell de Sant Josep) o Via
Museum
Nekropole
Puig des Molins
C/. de l'Arxiduc Lluís Salvador
C/. de Luci Oculaci
Carrer de Ramón Muntaner
FIGUERETES
Carrer Navarra
Carrer del País Basc
Carrer Galícia
Carrer d'Astúries
Carrer Formentera
C/. de Joan Xico
13
14
15
200 m
©Baedeker
Punta de ses Torretes
Penyals des Camp Vell
Santa Agnès de Corona
Puig d'en 255 Serra
Ca Na Parra
5,5
Ses Paisses
Es Puig
Puig de sa Picosa
Puig de ses Vinyes
Putxet d'en Puig
Monte Cristo
Can Fornet
Can Jaume de Dalt
Jesús
Puig d'en Sallares 229
Golf
Roca Llisa
Puig d'en Toni Masó 218
Cap Llibrell
Sòl d'en Serra
Cala Olivera
Cala Espart
Punta de sa Calç
Can Serra
Masia 46
Platja de Talamanca
Puig d'en Valls
17
Cap Martinet
Barcelona
Palma de Mallorca
Maó (Menorca)
Puig d'es Serra Furnat
Serra de sa Murta 400
Ses Fontanelles
Serra de Ses Fontanelles
Puig d'en Palau 260
Puig Gros 415
Sa Font d'en Mestre 209
Coll des Vent
Can Berrinola
Puig de Can Damià
EIVISSA (IBIZA)
La Seu Fuerte
Necrópolis Fenicia
Cala Talamanca
Ses Figueres
Illa Grossa
16
20
Puig d'en Cardona
Coll de Jondal
Can Jondal
Can Bonet
Can Visent Font
Sant Jordi
Ses Figueretes
I. de ses Rates
Dau Gran
Dau Petit
18
I. des Malvins
Platja d'en Bossa
Es Prat
19
Es Raco
Es Codolar
Sa Caleta
Aeroport
Torre Sal Rossa
I. Sal Rossa
I. Esponja
Sant Francesc
La Xanga
Ses Salines
Platja des Codolar
Puig des Corb Marí 160
Punta des Corb Marí
La Revista
Pont de Baix
Sa Canal
El Cuartel
Platja de Es Cavallet
Platja de Migjorn
Cap de Falcó
Torre de Ses Portes
Punta de ses Portes
I. Caragoler
Punta de sa Rama
Illes Negres
I. des Penjat
La Savina (Formentera)
València, Denia
64
Hafen
Hafengebäude
Anlegestellen
Passeig des Moll
Plaça d' Antoni Riquer
Casino
C/. de Barcelona
C/. Garijo
Sant Elm
Josep Verdera
Carrer d'enmig
C/. de la Verge
SA PENYA
C/. de Cartes V
Av. B. de Rosselló
C/. Ramon y Cajal
B. Vicent Ramon
Av. Ramón y Tur
Riambau
B. Torres
LA MARINA
Azara
Comte de Rosselló
C/. de la Cruz
C/. Castella
Oratori
C/. Pou
Pl. de sa Constitució
Gemüse- und Obstmarkt
Antoni Palau
Plaça Canalejas
Denkmal Vara de Rey
Passeig de Vara de Rey
A. Matutes
Pere Sala
Anníbal
Baluard Sant Joan
Museum für Zeitgenöss. Kunst
El Rastrillo
Amadeo
Fleisch- und Fischmarkt
C/. de sa Pedrera
C/. Vista Alegre
Baluard Santa Llúcia
Ses Taules
Santa Cruz
San Benito
Sant Rafel
Sant Carles
Ignacio Riquer
Santo Domingo
Plaça d'Espanya
Pere Tur
Baluard Portal Nou
Plaça del Sol
Portal Nou
Sant Lluís
Plaça R. Gotarredona
DALT VILA
Roman
C/. de Ponent
El Corsario
Carrer Santa Maria
Archäologisches Museum
Rathaus
Plaça Catedral
Major
Bischofspalais
Kathedrale
Baluard Santa Tecla
Sant Ciriac
Kastell
Ronda de Joan Bautista
Calvi
Baluard Sant Jaume
Baluard Sant Bernat
Baluard Sant Joan
Joan Xico
Mittelmeer
Eivissa Altstadt
100 m
©Baedeker
1
2
3
4
5
6
7
8
9
10
11
12

Wo gibt es was?

Fähnchen- bzw. Nadelnummer = Textnummer ❶ = Auskunft

Eivissa (Ibiza-Stadt)

Die Hauptstadt (34 000 Einw.) der drittgrößten Balearen-Insel ist auch deren politisches, kulturelles und wirtschaftliches Zentrum. Alle wichtigen Institutionen Ibizas haben hier ihren Sitz; der Hafen verbindet die Insel mit Mallorca, Formentera, Barcelona und Valencia, und der Flughafen liegt 7 km südwestlich. Gegenüber der Hauptstadt waren alle anderen Inselorte früher nahezu bedeutungslos.

Geschichte: Eivissa ist uralt. Karthager gründeten es 654 v. Chr. und brachten es durch Salzhandel (Salinen von Sant Jordi) zur schnellen Blüte. Im 2. Jh. v. Chr. aber Niederlage Karthagos gegen Rom (Punische Kriege), danach Kolonisierung unter Vespasian (70 n. Chr.). 902 Eroberung durch die Mauren; christl. Rückeroberung 1235. 1958 Eröffnung des ersten Flughafens und Beginn des Fremdenverkehrs.

Hafen · Unterstadt ①–⑥

Die **Altstadt** besteht aus zwei Teilen. Innerhalb der Festungsmauer liegt die Oberstadt *Dalt Vila*; außerhalb befinden sich das ehemalige Fischerviertel *Sa Penya* und das alte Hafengebiet *La Marina*. Hier beginnen viele Besucher, zumal wenn sie mit der Fähre eintreffen, die Stadterkundung. Direkt am Passeig des Moll steht das **Korsarendenkmal** ①, gewidmet Freibeutern, die Eivissa gegen fremde Seeräuber schützten und unter Antoni Riquer 1806 die britische Brigg ›Felicity‹ vor der Stadt aufbrachten.

Die Schutzpatronin des dahinter liegenden Marina-Viertels, die Virgen del Carmen, wird in der Kirche **Sant Elm** ② verehrt; ihre Figur wird am 16. Juli, ihrem Patronatsfest, durch die Gassen getragen. Mittelpunkt der Unterstadt ist der alte **Gemüsemarkt** ③ (Mercat Vell), umgeben von Geschäften und Lokalen. Für Besucher interessanter ist aber die schmale, durch das Penya-Viertel laufende **Carrer de la Verge** ④: Hier findet man die Boutiquen, die den ›Ibiza-Look‹ berühmt gemacht haben – und bis heute bestens daran verdienen. Ganz am anderen Ende der Unterstadt steht das 1898 eröffnete **Teatro Pereira** ⑤, heute Treff der Jazz-Szene. Etwas weiter dann, am **Passeig de Vara de Rey** ⑥, das berühmte Hotel ›Montesol‹ und das Denkmal für den 1898 im Kampf um Kuba, Spaniens letzte Kolonie, gefallenen Kriegshelden Joaquín Vara de Rey y Rubio.

Oberstadt (Dalt Vila) ⑦–⑫

Ein kompletter Mauerring, 1554–85 von G. B. Calvi unter Philipp II. errichtet, umgibt die denkmalgeschützte Oberstadt. Drei alte Tore führen hinein, wichtigstes ist das von zwei kopflosen römischen Statuen flankierte **Portal de ses Taules** ⑦. Gleich hinter dem Tor befindet sich in den ehem. Waffenräumen des Bollwerks *Sant Joan* das *Museu d'Art Contemporani* (di–fr 10–13.30, 17–20, sa/so 10–13.30 Uhr) mit Wechselausstellungen zeitgenössischer Kunst.

Am höchsten Punkt von Dalt Vila steht die urspr. gotische **Kathedrale Maria de las Nieves** ⑧ (Unsere Liebe Frau vom Schnee; 14.–16. Jh. u. spätere Umbauten), nebenan in einem Verwaltungsbau des 12. Jh. (›Universitat‹) das **Archäologische Museum** (di–sa 10–14, 17–20, so 10–14 Uhr) mit Ausgrabungsfunden aus der langen Siedlungsgeschichte der Pityusen. Hinter der Kathedrale folgt das **Kastell** ⑨, errichtet auf den Grundmauern einer maurischen Befestigung; dahinter ein Aussichtspunkt an der Bastion Sant Bernat mit herrlicher Aussicht aufs Meer und bis Formentera.

Am Weg abwärts trifft man auf die Kapelle des Stadtpatrons **Sant Ciriac** ⑩, wo eine Tafel an die christliche Eroberung 1235 erinnert; in der Carrer de Santa Maria das alte Künstlerhotel ›El Corsario‹. An der Plaça d'Espanya befindet sich im ehem. Dominikanerkloster das **Rathaus** ⑪; nebenan die von roten Ziegeln gedeckten Kuppeln der Barockkirche *Santo Domingo* aus dem 17. Jh. Der weitere Abstieg über die Carrer sa Carrossa führt zum Denkmal des ibizenkischen Historikers Isidor Macabich (1883 bis 1973). Von der **Plaça de Vila** ⑫ mit ihren vielen Restaurants und Geschäften geht es über den verwinkelten Waffenhof und durch das Portal de ses Taules zur unteren Altstadt zurück.

Neustadt (Eixample) ⑬–⑮

Westlich, Richtung Flughafen, erstreckt sich die **Neustadt** *(Eixample)*, in der die meisten Einheimischen leben – und wo sich das wirkliche Leben abspielt. Diese neue Stadt westlich des Passeig de Vara de Rey entstand mit dem Aufschwung vor allem durch den Tourismus. Zwischen Av. d'Espanya und Av. Isidor Macabich findet man neben vielen Geschäften auch zentrale Gebäude für Gericht, Post und Polizei, außerdem den **Neuen Markt** ⑬, der nicht den Charme des alten Mercat hat, dafür aber fürs reine Einkaufen mehr bietet. In der Nähe befindet sich auch der **Busbahnhof** ⑭, der Eivissa mit allen allen anderen Gemeinden und den wichtigen Stränden verbindet.

Am Südrand der Neustadt erhebt sich der Mühlenhügel **Puig des Molins** ⑮. Anfang des 20. Jh. entdeckte man hier eine Totenstadt der Karthager mit über 3000 Grabkammern; sie diente von 620 bis ca. 200 v. Chr. als Friedhof. Im zugehörigen **Museu Monográfic** (Via Romana; di–sa 10–14, 16–18, so 10–14 Uhr) werden die Funde ausgestellt: Steinsärge und Grabbeigaben wie Schmuck, Münzen und Terrakottafiguren (Achtung: wg. Umbau voraussichtlich geschlossen bis 2003, bis dahin Besichtigung nur im Rahmen von Führungen, Anmeldung im Tourismusbüro).

Umgebung · Strände ⑯–⑳

Gegenüber dem Hafen liegt **Es Botafoc** ⑯ mit Leuchtturm und dem Jachthafen von Eivissa. Dahinter im Norden die **Platja de Talamanca** ⑰ (Pendelboot ab Hafenmole), ein flacher Sandstrand an einer stark (und teuer) bebauten Bucht. Nach Süden bildet der teils steinige, teils sandige Strand **Ses Figueretes** ⑱ eine Verlängerung der Stadt mit hohen Hotelbauten. Und dann folgt die **Platja d'en Bossa** ⑲, Ibizas S'Arenal: ein großer, immer voller Sandstrand mit Hotels, Strandbars, Spielplätzen – laut und aufdringlich, aber den Besuchern, darunter oft auch Prominente, gefällt's. Und wem es zuviel wird, der kann nebenan in dem kleinen, verbauten Ort **Sant Jordi de ses Salines** ⑳ an der Straße zum Flughafen Kultur tanken: Die Wehrkirche hinter ihrer schrägen Mauer samt Zinnen und Schießscharten, errichtet für das seelische Wohl der Arbeiter, die in den nahen Salinen schufteten, ist sehr sehenswert. Wer lieber auf Pferde wettet, geht in Sant Jordi zum Hipódromo.

Praktische Tipps

Einkaufen: Mode, elegant und originell, bei Paula's (C/. de la Verge 4); handgemachte Sandalen, Gürtel, Taschen im Sandal Shop (Plaça de Vila); ›Hierbas Ibicencas‹ und andere Schnäpse in der zwischen Hochhäusern eingezwängten kleinen Bodega am Hafen; typische Ibiza-Körbe und andere Flechtarbeiten in der C/. sa Creu; Gewürze, Tee, Kräuter im sympathischen ›Herbolario Fill de V. Colom‹ (C/. sa Creu 23).

Nachtleben: Jazz live im alten ›Teatro Pereira‹, C/. Conde Rosselló; Drinks und das richtige Publikum in der Bar ›Zoo‹ an der Plaça d'Antoni Riquer. Ein Klassiker unter den Discos ist das ›Pacha‹ in der Hafenbucht gegenüber der Stadt. Im Casino (Pg. Joan Carles I) gibt es die Piano-Bar, während nebenan die Roulettekugel rollt. Recht spät erst füllt sich die Disco ›Amnesia‹, ein paar km außerhalb Richtung Sant Antoni. Und wer partout nicht nach Hause will, geht zum Chillout ins ›Space‹ an der Platja d'en Bossa: Da geht es um 8 Uhr morgens überhaupt erst los.

Veranstaltungen: Karwoche (semana santa) mit eindrucksvoll-dunkler Karfreitagsprozession; am 16. Juli Bootsprozessionen zu Ehren der Virgen del Carmen, Patronin der Fischer und Seeleute; am 5. Aug. Fest der Kathedrale mit Feuerwerk; am 8. Aug. Tag der Eroberung der Pityusen. Außerdem Segelregatta ›Ruta de la Sal‹ in der Osterwoche; im Juni Modenschauen (semana de la moda); im Juli intern. Jazz-Festival.

❶ Info-Büro am Passeig de Vara de Rey 13, Tel. 971 30 19 00, bzw. Kiosk am Hafen, weil das Büro umgebaut wird. Postanschrift: Oficina de Información Turística de Ibiza, C/. Antoni Riquer 2, E-07800 Eivissa.

Maßstab 1:110.000 (0 1 2 3 4 5 km)

An der Cala Benirràs
bei Port de Sant Miquel
sind Geist und Mode
der Flowerpower-Zeit
noch sehr lebendig.

Ibizas Norden: Bauern und Blumenkinder

Alle Ortschaften auf Ibiza – außer der Hauptstadt – sind nach Heiligen benannt. So auch Santa Eulària des Riu, Hauptort eines knapp 20 000 Einwohner zählenden Bezirks, in dem es mehr englische und deutsche Residenten gibt als in allen anderen. Die Briten waren hier die Wegbereiter; schon Ende der 1920er-Jahre entdeckten englische Künstler Santa Eulària des Riu als Wahlheimat. Nicht ohne Folgen: Zwischen Cala Llonga und Portinatx fühlen sich (Lebens-)Künstler, nach wie vor pudelwohl. Wo wollte man auch unbeschwerter leben als hier: ökologisch korrekt und als Hippie auf Zeit.

△ Santa Eulària des Riu: gepflegter Strand, neue Hotels ...

... und eine alte, legendenumwobene Brücke ▽

Promenade in Santa Eulària mit Verkaufsständen ▽

Immer noch Handarbeit: Hanfschuhe ›espardenyes‹ ▽

△ An der Promenade – wo Augen und Schmuck um die Wette strahlen

Weiß und wuchtig: die Wehrkirche Santa Eulària ▽

Die Berechtigung, den Zusatz ›des Riu‹, am Fluss, im Namen zu tragen, hat Santa Eulària durch den hohen Wasserverbrauch der Hotels eigentlich längst eingebüßt: Das Bett des Riu Santa Eulària bleibt die meiste Zeit trocken. Vor Jahrhunderten, als der einzige nennenswerte Wasserlauf der Pityusen noch für gute Ernten sorgte, war dies ein bevorzugtes Gebiet. Die Römer siedelten an der Mündung – die alte, heute nur noch von Fußgängern benutzte Brücke aus Quadersteinen soll von ihnen stammen –, und die Araber schufen am Nordufer des Flusses Gärten und eine Moschee.

Ibizas wehrhafte Kirchen

Gärten und Bewässerungsanlagen – darin waren die Mauren unübertroffene Meister – übernahmen die christlichen Eroberer gern. Nicht aber die Moschee: Sie wurde geschleift, an ihrer Stelle bauten sie eine kleine Kirche und später, als sie immer wieder von Seeräubern überfallen wurden, eine Wehrkirche. Da Giovanni Battista Calvi die Pläne zeichnete, wurde eine Trutzburg daraus. Auch hier gelang dem Erbauer der Verteidigungsanlage von Eivissa ein großer Wurf.

Es gibt über ein Dutzend Wehrkirchen auf den Pityusen; die von Santa Eulària gehört zu den schönsten. Am eindrucksvollsten ist sie abends, wenn sie sich im Scheinwerferlicht vom Nachthimmel abhebt, weiß und wuchtig. Doch auch tagsüber lohnt es sich, den 52 Meter hohen Puig de Missa zu besteigen, um die Kirche aus nächster Nähe zu betrachten. Ins Auge springen der halbrunde, naturfarbene Wehrturm und die Details, die für alle Wehrkirchen so charakteristisch sind: Rundbögen führen zu einer mit Kieseln gepflasterten Vorhalle, in der sich Steinbänke und eine Zisterne befinden. Dieser ›porxo‹, ein Ort angenehmer Kühle, hatte früher gesellschaftliche Funktion: Er diente den jungen Leuten, die auf weit verstreut liegenden Höfen lebten, als Platz zum Kennenlernen.

Schön in ihrer Schlichtheit ist die Kirche auch innen. Der spärliche Schmuck, ein barocker Hochaltar und die Bilder der Seitenkapellen, stammen vom Festland. Die eigenen

△ *Es Canyar: Auf dem Hippiemarkt gibt's Kurioses zu erleben*

Knapp südlich von Es Canyar: Entspannung pur bei der Punta Arabí ▽

△ *Kunst am Kopf: Dreadlocks in Es Canyar*

△ Es Canyar: Das Erbe aus Blumenkindertagen wächst und wuchert

Viel Wassersport: Cala Pada bei S'Argamassa ▽

Kultgegenstände wurden im Bürgerkrieg zerstört, wie die meisten Kirchenschätze der Insel.

Auf der Spur des Falken

Santa Eulària ist ein hervorragender Ausgangspunkt für Ausflüge. Zu empfehlen sind zwei Touren, die ohne Mühe per Auto oder Fahrrad zu bewältigen sind; die Strecken sind mit farbigen Schildern und dem Emblem des Eleonorenfalken gekennzeichnet. (Mit etwas Glück kann man den Falken bei seinen Flugmanövern beobachten: Einige Paare des seltenen Greifvogels brüten auf der unbewohnten Insel Tagomago.) Aleppokiefern, wilden Fenchel und typische Küstenpflanzen sieht man auf dem Weg zur Cala Llonga. Über normale Straßen geht es von dort weiter zu dem winzigen Ort Jesús. Ziele sind dort die Kirche Nostra Senyora de Jesús mit einem wertvollen Altarbild und der Camí des Feixes, der zu einer Gartenlandschaft führt, die die Araber anlegten. Auch sie steht auf der Unesco-Liste, als ›schützenswertes Gebiet‹.

Die nördliche Route beginnt an den Klippen der Punta Arabí, passiert die Strände der Buchten Llenya, Mastella und Boix und endet an der malerischen Cala Pou des Lleó. Hier lohnt ein Abstecher zur Punta d'en Valls. Der Wehrturm an der Landspitze war Teil eines die gesamte Küste umfassenden Verteidigungssystems. Drohte Gefahr durch Seeräuber, warnten die Wächter die Bevölkerung, tagsüber mit Rauch, nachts mit Feuer.

Zeitreise im Norden

Diese Tour, am besten mit dem Leihwagen, sollte sich niemand entgehen lassen: Start ist in Sant Carles de Peralta, wo die Straßen zu den nördlichen Buchten zusammenlaufen. Als den Hippies, die sich selbst lieber ›Freaks‹ nannten, die Stadt Eivissa zu laut und teuer wurde, zogen sie sich in die Fincas rund um Sant Carles zurück. Zu ihrem Treff machten sie eine Dorfkneipe, die berühmte ›Anita's Bar‹.

Das ist ein paar Tage her – die Zeit der Blumenkinder gehört auch hier der Vergangenheit an. Und doch gibt es sie noch, die Zeitreise, als Besuch des Kunsthandwerkermarkts von Las Dalias. Wenn Hippiekönigin Mora

△ Die Insel Tagomago vor der Nordostküste von Ibiza: Schon der Name verleitet zum Träumen

△ ›Anita's Bar‹ in Sant Carles de Peralta: Der Name steht für Dorfladen, Hippietreff, Poststelle – und Nostalgie

Bucht mit Bootsanleger: Cala Pou des Lléo bei Sant Carles ▽

△ Hier darf man auch ganz ohne baden: S'Aigua Blanca

Las Dalias in Sant Carles: Viel sehen, viel hören … und cool bleiben ▽

dort ihre verrückten Strickklamotten vorführt, wenn die Räucherstäbchen glimmen und Nina Hagen zum Mikro greift, dann liegt sogar ein Hauch von Woodstock in der Luft. Doch auch ohne Gastauftritte ist dieser kleine Markt dem aufgeblähten Hippiemarkt in Es Canyar vorzuziehen.

Die Liebesgöttin der Punier

In einer Bucht nördlich der Punta Grossa entdeckten Forscher 1907 eine Höhle, die offensichtlich in punischer Zeit kultischen Zwecken diente: die Cova des Cuieram. Sie fanden einen Opferstein und Terrakottafiguren der Göttin Tanit. Wer sich im Götterhimmel Karthagos auskennt, weiß, dass sie mit Baal und Melkart verwandt war, und dass ihr, der Liebesgöttin, der Gott oder Halbgott Bes zur Seite stand, verantwortlich für Reichtum und Fruchtbarkeit. Abbilder zeigen ihn fiederköpfig und mit souverän gerecktem Glied. Für seine Beliebtheit spricht, dass die Phönizier ihn gleich serienweise in gebranntem Ton herstellten – und sogar zum Paten machten: ›Ibosim‹, ein früher Inselname, bedeutet ›Insel des Bes‹. Auch auf Tanit wird man bei Rundreisen noch öfter stoßen: Nach der Göttin sind Straßen, Gebäude, Geschäfte und sogar ein Reisebüro benannt.

Die Phönizier also, auch Punier oder Karthager genannt. Sie waren ein Handelsvolk, das von den Küsten des heutigen Syriens stammte; ›Phoenicia‹ hieß ihre Heimat auf lateinisch, nach dem griechischen Namen für ›Purpurland‹, dem Land, in dem das Färben mit Purpurschnecken erfunden worden war. Dieses Volk, das Handel bis in den Atlantik getrieben haben soll, gründete 814 v. Chr. Karthago im heutigen Tunesien – und geriet bald mit der anderen Großmacht jener Zeit, dem Römischen Reich, in Konflikt. Die Römer nannten sie ›Punii‹ (Punier), wohl eine Kurzform von ›Phoenicii‹; die drei Kriege, die Rom gegen Karthago führte (und am Ende gewann), heißen deshalb ›Punische Kriege‹.

Und bei den Schlachten jener Kriege spielten auch die Bewohner der Balearen, die ihre Kampfeskunst mal der einen, mal der anderen Seite zur Verfügung stellten, ihre Rolle: Sie waren als geschickte Steinschleuderer

△ Schön, auch wenn die Wolken ziehen: Nordküste bei Portinatx

Cala Benirràs: Trommeln begleiten den Sonnenuntergang ▽

△ Produkte aus biologischem Anbau gibt es in Can Sort

△ Na Xamena: Fünf-Sterne-Hotel im traditionellen Stil

Wenn an der Cala Benirràs die rote Sonne … ▽

bekannt. Südlich von Sant Carles, in einer für Ibiza ungewöhnlich kargen Strauchlandschaft, liegen Bleiminen, die schon für jene Kugeln Material geliefert haben, die bei den Römern so treffsicher einschlugen.

Für Augen und Ohren

Ist es gerade Donnerstag? Dann sollten Sie zur Kirche von Sant Miquel fahren, die weithin sichtbar auf einem Hügel steht. Am späten Nachmittag treten hier Tanzgruppen in Originaltrachten auf; ›ball pagès‹ heißt die Vorführung. Die Frauen tragen lange, gebauschte Röcke, darüber Schürzen, Schultertücher und weiße Kopftücher. Goldketten mit Broschen und Kreuzen, ›emprendades‹, von der Mutter auf die Tochter vererbt, zieren Hals und Brust. Die Männer tragen weiße Hosen und Hemden, dazu schwarze Westen, rote Schärpen, Halstücher und rote Mützen, die über ein Ohr fallen.
Die Musik beginnt. Der monotone, klagende Laut der Holzflöte, begleitet von Tamburin und Kastagnetten, erinnert an nordafrikanische Musik. Ungewohnt auch die Tänze, bei denen die Frauen den Rock zierlich lüpfen und sich trippelnd drehen, während die Männer sie mit wilden Sprüngen umkreisen. Die Füße der Tänzer stecken in hanfgeflochtenen ›espardenyes‹. Das klassische Ibiza-Souvenir kennt jeder Tourist …

Häuserbau im Bauhausstil

Balàfia gilt als Musterbeispiel dafür, wie früher auf dem Land gebaut wurde: wehrhaft, schön und zweckmäßig. Weiß und würfelförmig sind die Häuser, erdbraun die Rundtürme – Fluchtburgen bei Piratenangriffen. Der Grundriss der Häuser ist einfach. An die rechtwinklige ›sala‹, in der gewohnt und gearbeitet wird, schließen sich Küche (mit offenem Kamin), Vorrats- und Schlafraum an. Die Eingangstür mit dem Vordach, unter der Tomaten und Zwiebeln trocknen, ist nach Süden ausgerichtet. Der Backofen, meist mit Kuppeldach, ist an einer, die Ställe sind an der anderen Seite angebaut. Wächst die Familie, wird ein weiterer Würfel angefügt oder auch aufgesetzt.
Die Wände bestehen aus Feldsteinen, das flache Dach tragen Balken. Schindeln aus hartem Sabinaholz bil-

△ Mit Reisig wird angeheizt: alter Brotbackofen

△ Im Januar und Februar stehen die Mandelbäume in Blüte

Vor Jahrhunderten gepflanzt wurde dieser Olivenbaum ▽

△ Schmucklos, aber schön: eine alte Finca-Tür

△ Mit Stangen und Netzen: Im August werden die Mandeln geerntet

Landhaus im Ibiza-Stil: Can Pau bei Sant Llorenç ▽

den die Decke, darüber kommt eine Schicht aus Strauchwerk der Glockenheide, aus Algen, Kalk und Tonerde. Auch die Möblierung ist funktionell, ja karg. Ein langer schmaler Tisch, niedrige Stühle mit Sitzflächen aus Hanf. Die Wandschränke werden gleich in die Mauern eingelassen, in einem offenen Regal stehen die Tonkrüge.
Da die Bauern nur Material verwendeten, das sie auf der Insel fanden, schufen sie Häuser, die in Einklang mit der Landschaft stehen und Würde ausstrahlen. Kein Wunder, dass sich die großen Baumeister der Moderne beeindruckt zeigten. Le Corbusier nannte sie eine ›reine Architektur‹, und der Bauhausgründer Walter Gropius, der Ibiza 1959 besuchte, fand seine Forderung, Raum, Licht und Funktion in Einklang zu bringen, hier verwirklicht.

Die Jagd beginnt mit Hunden

Im Tal des Riu Santa Eulària schnattern Enten. Oft kann man auch Männer sehen, die Schilf schneiden. Mit den langen Stangen, die sie hier holen, schlagen die Bauern die reifen Oliven und Mandeln von den Bäumen. Wer im Herbst kommt, wird wahrscheinlich auch Schüsse und Hundebellen hören.
Monate war die Meute eingesperrt, ab Oktober durchstreift sie Hügel und Täler. Angeblich schon seit den Zeiten der Phönizier wird eine ibizenkische Hunderasse speziell für die Jagd gezüchtet. Wer jemals einen ›Podenco ibicenco‹ ein Kaninchen verfolgen, ihn wie ein Reh über Zäune und Weizenfelder springen sah, der weiß, dass die Züchtung ihr Ziel erreicht hat.
Die Jagd ist ein Reizthema. Man macht sich keine Freunde, wenn man fragt, warum sich Männer stundenlang in einen Unterstand hocken, um mit Klappnetzen durstige Vögel zu fangen, warum junge Burschen auf Singvögel schießen. Doch nicht nur von Fremden, auch vom Naturschutzbund GOB (Grup Balear d'Ornitologia i Defensa de la Naturalesa) kommt Kritik. Bei neuen Vorhaben wird der GOB durchaus angehört, und in den Schulen leistet er wertvolle Aufklärungsarbeit. Ihm ist zu verdanken, dass das Umweltbewusstsein auf den Pityusen wächst.

Illa Eivissa (Ibiza)
Punta des Moscarter
Punta del Gost
Portinatx
Gatol
Cala d'en Serra
Punta d'en Serra
Punta Galera
Punta Mares
Cala de Portinatx
Cindad Mar
Punta de Xarraca
Fita de Xarraca
Cala Xarraca
Cap Blanc
Caló dels Escandells
I. d'en Calders
Cova de s'Orenga
Cala de Benirràs
Punta de Sa Creu
S'Illa Murada
Cap de Rubio
Es Portitxol
Torre del Mular
Club de tenis
Can Josepets
Port de Sant Miquel de Balansat
Na Xamena
Can Toni
Can Serinat
Pep Masons
Can Lluquet
Can Caloia
Talaia de Sant Joan
Sant Joan de Labritja
Can Joan des Murtar
Port de ses Caletes
Punta Verda
Racó de sa Talaia
Talaia de
303
Sant Vicent
Sant Vicent de sa Cala
Ses Formigues
S'Escullet
S'Aigua Dolça
Serra d'en Negre
199
Cala del Jonc
Can Juan d'es Plà
Cova d'es Cuieram
Clot d'es Llamp
Punta Grossa
Es Port
Cala de Sant Vicent
Es Raig
S'Aigua Blanca
Illots des Gorg
Es Figueral
Platja des Figueral
Illot de S'Hort
Punta Verda
Pou des Léo
Punta Port de d'en Valls
Tagomago
Illa de Tagomago
Cap Roig
Cala Boix
Cala Mastella
Club Cala Llenya
Cala Llenya
Cala Nova
I. des Canar
Platja des Canar
Club Punta Arabí
Sa Rota Vella
Serra de la Mala Costa
398
Puig des Fornàs
410
Can Salvador
Can Sord
Can Marna
Es Gorch
Can Xumeu
Can Rocas
Torre d'en Valls
Can Jordi
Torrent de Port
Can Viçenç de sa Serra
Can Mariano
Can Nadal
Can Pep Mares
Can Forn de Calç
Can Toni Joan
Can Pep d'es Viudo
Coll de sa Cabra
Can Salvador
Sant Miquel de Balansat
Església
Can Pere Magdale
Can Ros
Puig d'En Besora
261
Can Sopes
Torre de Balafi
Puig d'en Toni Mossón
295
Can Toni Yuca
S'Alcudia
Can Viçenç des Racó
Sant Mateu d'Aubarca
Can Bisbe
Puig d'en Serra
Puig d'en Casetes
Can Salvador
Sant Llorenç
Balàfia
Can Viçenç Ribes
Sant Carles de Peralta
Cas Ramons
Puig des Pou
Can Na Jaumeta
Son Fraret
Can Toni March
Can Macia
Can Negret
Venda de Morna
S'Argentera
La Joya
Ca Na Marqueta
Serra des Forn Nou
347
Ses Planes
Puig del Exero
215
Can Prats
Can Miquel d'es Pouet
Ses Mines
Cala Nova
Can Tia
Can Recó
Rafal de Dalt
Can Mossón
Puig des Trui
Can Llay
Can Figuereta
Ses Cases Velles
Venda d'Arabi
Can Basso
Can Pep Serra
Rafal de Baix
Can PepMari
Es Canyar (o Es Canar)
S'Argamassa
Can Pep des Cucons
Santa Gertrudis de Fruitera
Talaia de Sant Llorenç
254
Riu de Santa Eulària
Col de sa Vaca
Puig d'en Ribas
218
Can Canto
Santa Eulària des Riu (Santa Eulalia del Río)
Cala Pada
Punta des Faralló
I. Redona
I. de Sta. Eulària
Platges de Sta. Eulària
Can Malacosta
Talaia de Sant Rafel
Can Senyora
Col d'en Lluc
Torrent Llavanera
Es Llinigol
Puig de ses Tanques
La Siesta
Es Nenador
Los Arboles
Ca'n Juan Amat
Puig de Pep
232
Caló de s'Aguait
Punta de s'Aguait
Punta Blanca
Cala Llonga
Cala Blanca
Punta Roja
Cala Llonga
Puig d'en Toni Masó
218
Cap Llibrell
Sol d'en Serra
Sant Rafel de Forca
Fantasylandia
Serreta de Can Palau
Puig de ses Vinyes
Can Salvos
Puig d'en Picafetro
Sa Talaia
Can Fornet
Putxet d'en Puig
Monte Cristo
Can Jaume de Dalt
Puig d'en Salleres
229
Golf
Roca Llisa
Jesus
Can Serra
Cala Olivera
Cala Espart
Punta de sa Calç
Ses Fontanelles
Puig d'en Palau
260
Puig d'en Valls
Masia
46
Platja de Talamanca
Cap Martinet
Puig de Can Damià
EIVISSA (IBIZA)
Cala Talamanca
Ses Figueres
Illa Grossa
La Seu Fuerte
Necròpolis Fenícia
Ses Figueretes
I. de ses Rates
Dau Gran
Dau Petit
I. des Malvins
Sant Jordi
Platja d'en Bossa
Es Prat
Torre Sal Rossa
I. Sal Rossa
I. Esponja
Sant Francesc
Ses Salines
La Xanga
Puig des Corb Marí
160
Punta des Corb Marí
La Revista
Sa Canal
El Cuartel
Platja de Es Cavallet
Torre Sal Rossa
Platja de Migjorn
Punta de ses Portes
Barcelona
Palma de Mallorca
Maó (Menorca)
La Savina (Formentera)
Valencia, Denia

64
78

Wo gibt es was?

Fähnchennummer = Textnummer ⓘ = Auskunft

Santa Eulària des Riu ①

Santa Eulària ist der Verwaltungssitz der gleichnamigen Großgemeinde (ca. 20 000 Einw.), die sich von der Talamanca-Bucht bis zur Cala de Sant Vicent im Norden erstreckt. In die drittgrößte Ortschaft Ibizas zieht es ein Publikum, das mehr die Ruhe als den Rummel liebt oder den Urlaub sportlich aktiv verleben möchte (neuer Jachthafen). Laufsteg des Landstädtchens ist der Passeig de s'Alamera, in Anlehnung an die Flanierstraßen in Barcelona und Palma sehr selbstbewusst ›Ramblas‹ genannt. Ein Anziehungspunkt ist auch die neu gestaltete Strandpromenade.

Sehenswert: Weit sichtbar steht die weiße Kirche Santa Eulària mit markantem, halbrundem Wehrturm aus Naturstein auf dem 52 m hohen Kirchhügel (Puig de Missa = Mess-, Gottesdienstberg). Gebaut wurde sie im 16. Jh. am Platz einer von türkischen Piraten zerstörten kleineren Kirche, die im 14. Jh. auf den Grundfesten einer Moschee errichtet worden war. Am eindrucksvollsten ist die Kirche im Licht der Abendsonne. In einem 300 Jahre alten Haus am Puig de Missa zeigt das Museu Etnològic Can Ros bäuerliches Leben vergangener Tage (mo–sa 10–13, 17–20 Uhr). Nur von Fußgängern darf die etwas außerhalb gelegene Römerbrücke (ca. 70 n. Chr.) betreten werden; das von Geschichten vom Teufel umwobene Bauwerk überspannt den Fluss, der nur noch selten Wasser führt.

Veranstaltungen: Patronatsfest 12. Febr.; Frühlingsfest 1. So im Mai mit Umzug von Pferden, Reitern u. geschmückten Gespannen sowie großer Blumen- u. Pflanzenschau.

Nachtleben: Disco ›Studio 64‹.

Umgebung: Was Anfang der 70er Jahre mit ein paar Verkaufsständen auf dem Gelände der Ferienanlage *Punta Arabí* begann, ist längst zu einem Riesenspektakel gewachsen: der Hippiemarkt in *Es Canyar* (6 km nordöstl.), jeden Mittwoch ab etwa 9 Uhr. Wer sucht, kann noch originelle Stücke finden – oder nur die Atmosphäre schnuppern. Praktisch: Von Eivissa aus verkehrt auch ein Bootstaxi zum Hippiemarkt. Südlich von Santa Eulària liegt nahe der im ibizenkischen Stil errichteten Luxussiedlung *Roca Llisa* Ibizas einzige Golfanlage (2 Plätze, 9 u. 18 Löcher; Tel. 971 19 61 18). In *Jesús*, 7 km weiter schon am Nordrand von Eivissa gelegen, sollte man die Kirche Nostra Senyora de Jesús (15. Jh.; do 10–12 Uhr) besuchen: Sie birgt den wertvollsten Altaraufsatz der Pityusen, ein in Kreuzform angelegtes Gemälde der Muttergottes im Kreis musizierender Engel von den Gebrüdern Juan Rodrigo u. Francisco de Osona aus Valencia (um 1600). Nördlich von hier, beiderseits der Hauptstraße nach Sant Miquel de Balansat, stehen alte Windmühlen.

Strände: *Cala Llonga* (6 km südl.): fjordartige Bucht mit flachem Sandstrand, besonders für Kinder geeignet, doch ständig überfüllt. *Cala Pada* (4 km nordöstl.) an der *Punta Arabí:* Sandstrand mit vielen Sportmöglichkeiten.

Sport/Aktivitäten: Wandern am Küstenpfad Richtung Norden (ca. 1 Std.) und zurück; Bootstouren zu den umliegenden Buchten oder nach Eivissa; Ausritte (Reitstall in Cala Llonga); Segeln, Surfen, Tauchen, Parasailing in *Cala Pada*.

ⓘ OIT, C/. Marino Riquer Wallis 4, Tel. 971 33 07 28.

Sant Carles de Peralta ②

Mittelpunkt auch dieses Dorfs ist die Kirche, aber auch ›Anita's Bar‹, die ihre Blütezeit als Poststelle und Nachrichtenbörse in den Blumenkindertagen hatte. Aus jener Zeit stammt auch der Kunsthandwerksmarkt, der samstags beim Restaurant ›Las Dalias‹ am Dorfrand abgehalten wird: Immer noch bieten exotisch gestylte Verkäufer auf diesem Hippiemarkt der ersten Stunde Selbstgemachtes aus Leder, Wolle und Silber an. Mittlerweile ist allerdings ein allgemeiner kultureller Treff daraus geworden, mit Ausstellungen, Laientheater u. Konzerten.

Umgebung/Strände: *Cala Mastella* (4 km östl.) ist ein kleiner Sand- u. Felsstrand, dessen Hauptanziehungspunkt ein originelles Fischrestaurant ist. Mit dem Auto etwas umständlich zu erreichen. *Cala Boix* (5 km östl., über Can Rocas) heißt ein kleiner Kiesstrand, der nicht gepflegt wird, doch das Wasser ist sauber. Auf der nördlich von hier gelegenen Halbinsel ist der alte Wehrturm Torre d'en Valls ein lohnendes Ausflugsziel. Die vorgelagerte 1,5 qkm große, flache Felseninsel *Tagomago* steht unter Naturschutz; in den Buchten landen Boote manchmal zum Picknick an, hin und wieder sieht man Eleonorenfalken. In *S'Aigua Blanca* (4 km nördl. bei *Es Figueral*) gibt es zwei kleine Sandbuchten, zum Teil offizielles FKK-Gelände.

Sant Vicent de sa Cala ③

Der Ort in der rund 300 m hohen Serra de Sant Vicent besteht aus kaum mehr als einer Kirche und ein paar in den Bergen verstreuten Häusern – wie schon immer. Eine ganz andere Entwicklung hat die *Cala de Sant Vicent* genommen: Tausende von Tonnen an Beton und Baustahl wiegen die Bausünden, die hier an einer reizvollen Naturlandschaft begangen wurden.

Knapp nördl. dieser Urlaubssiedlung liegt die Höhle *Cova d'es Cuieram.* Hier fand man 1907 einen Opferstein und der Göttin Tanit geweihte Kultgegenstände (Terrakottafiguren, vergoldete Medaillons), die heute im Archäologischen Museum von Eivissa lagern. Zur Zeit ist die Höhle verschlossen, doch hat die Gemeinde das Gelände gekauft, um es wieder öffentlich zugänglich zu machen.

Strände/Sport: Die malerische Kiesbucht *Cala del Jonc* (nordöstl.) ist schwer zu erreichen. An der *Cala de Sant Vicent* breites Wassersportangebot (Segelschule, Motor- und Tretboote), Tauchschule an der *Platja des Figueral.*

Sant Joan de Labritja ④

Das beschauliche Dorf scheint genau das Richtige für Aussteiger und spirituelle Gemeinschaften zu sein. In den Läden rund um die Kirche mit dem ungewöhnlichen Glockentürmchen werden Pyramiden, heilende Kristalle, hausgemachte Süßigkeiten und Kleidung aus zweiter Hand angeboten.

Veranstaltung: 24. Juni Patronatsfest Festa de Sant Joan.

Strände: An der *Cala Xarraca* (3 km nördl.) kleine Kies- und Sandstrände in einer großen Bucht, sehr klares Wasser. 4 km weiter die Hotelkomplexe von *Portinatx*, der größten Feriensiedlung an der Nordküste (drei Sandstrände in reizvoller Landschaft, stark besucht; breites Wassersportangebot, u. a. Tauchausflüge längs der Felsküste.

Umgebung: In *Balàfia* (6 km südl.), einem Ortsteil des Dorfs *Sant Llorenç* an der Landstraße nach Sant Joan, steht eine Gruppe von Fincas, die zum Schutz gegen Seeräuber wie eine Wehrburg errichtet wurde. In ihrer Kompaktheit und Funktionalität gilt sie als Musterbeispiel ibizenkischer Baukunst.

Sant Miquel de Balansat ⑤

Der ruhige Ort im Norden muss nur donnerstags mit nennenswertem Besucheransturm fertig werden: Dann führen Männer und Frauen im Innenhof der Kirche die typischen Tänze der Insel auf (immer ab 18 Uhr). Die Kunsthandwerker der Umgebung nutzen die Gelegenheit, im Garten von S'Hort, einer renovierten Finca unterhalb der Kirche, ihre Waren anzubieten. Die Kirche selbst ist aus dem 16. Jh. und soll die älteste Dorfkirche auf Ibiza sein.

Umgebung/Strände: Auf gut ausgebauter Straße geht es zur 4 km entfernten Küste. Das immer häufiger auftauchende Weiß zwischen dem Piniengrün kündigt die Ferienanlagen um *Port de Sant Miquel* an. Am Ortsrand weisen Schilder den Weg zur *Cova de Can Marça* (tgl. 10.30–13.30, 15–19 Uhr), einer Tropfsteinhöhle, die früher Schmugglern als Versteck diente. Etwas weiter kommt man zur *Cala Benirràs*, einer ziemlich abgelegenen und dennoch gut besuchten Kiesbucht, die als Treff der Freaks bekannt ist: Der Sonnenuntergang wird hier von Trommeln begleitet, und im August findet das entsprechende Festival hier statt. Glanzpunkt im Norden ist aber die Felsenbucht *Na Xamena*, tiefblau und einsam, mit dem Hotel ›Hacienda Na Xamena‹ auf hohem Klippenrand, Ibizas einziger Touristenunterkunft mit fünf Sternen.

Maßstab 1:110.000 (0 1 2 3 4 5 km)

Einer der schönsten Plätze auf Ibiza: Von der Cala d'Hort ganz im Südwesten blickt man auf die Insel Es Vedrà.

Rummel oder Ruhe: Sant Antoni und der Süden

Der Südwesten von Ibiza ist ein Landstrich der Kontraste: Idyllische Buchten wechseln mit überlaufenen Stränden, sanfte Hügel mit schroffer Steilküste. Dörfer, in denen altes Brauchtum gepflegt wird, liegen nicht weit von Ferienorten, die zu schnell gewachsen sind. Vor allem im Hauptort Sant Antoni, von den Engländern ›San An‹ genannt, werden die Freuden und Leiden des Tourismus sehr deutlich. Wer Rummelplätze mag, wird sich dort wohl fühlen. Wer Ruhe bevorzugt, zieht einfach nur eine Bucht oder ein Dorf weiter.

△ Ein Fischerdorf ist Sant Antoni schon längst nicht mehr: Bars im ›West End‹

△ Ein persönliches Urlaubssouvenir: Porträtmalerei im ›West End‹ von Sant Antoni

△ Sant Antoni: Karavelle im ›Kolumbus-Ei‹

Oase der Stille: die Kirche Sant Antoni ▽

△ Großes Maul und viel dahinter: die Fähre von Denia im Hafen von Sant Antoni

Speisen im einstigen Gotteshaus: ›Sa Capella‹ ▽

Die Alten kennen ›la Vila de Portmany‹, wie sie Sant Antoni nennen, noch als Fischerdorf. Doch seit den sechziger Jahren hat sich alles verändert. In großer Zahl wurden Baugenehmigungen für Hochhäuser erteilt: Sant Antoni entdeckte den Massentourismus. Schon bald reihte sich in dem Teil der Altstadt, der heute ›West End‹ heißt, eine Bar an die andere, und durch die Gassen schob sich buntes Volk. Die Bettenburgen und ihre Gäste, in der Mehrzahl junge Engländer, prägten fortan das Bild der Ferienstadt.

Betonkuchen mit Rosinen

Es war nicht das beste. Die englischen Boulevardblätter schrieben über Sex, Drogen, laute Musik. Die regionale Presse griff das Thema auf, und die Lokalpolitiker mussten handeln. Seitdem hält die Polizei ein wachsames Auge auf Krawallmacher und zudringliche Straßenhändler. Der Hafen erhielt eine Promenade samt Palmen und Springbrunnen, die Discos mussten ihren Schallpegel drosseln. Zwar verwandelte sich Sant Antoni dadurch nicht in einen Kurort, doch das Erscheinungsbild begann sich zu bessern.
Im mittlerweile durchaus sehenswerten Stadtkern zum Beispiel: In der Carrer del Progrés gibt's die winzige Bar ›Los Gatos‹, zwei Ecken weiter, im ›Café del Mar‹, klassische Musik zum Sonnenuntergang. Lichtblicke auch auf der kulinarischen Landkarte: Das Fischrestaurant ›Rias Baixas‹ und das romantische Speiselokal ›Sa Capella‹ sind exzellent. Und das ›Paradis Terrenal‹ am anderen Ende der Stadt gilt unter Nachtschwärmern als schönster Tanztempel der Insel.

Die Buchten um Sant Antoni

Als es mit dem Tourismus losging, stellten sich die Fischer von Sant Antoni auf Menschenfang um. Vormittags hörte man sie im Hafen die Fahrgäste auf ihre Boote locken – Sant Antoni hat keine eigenen Strände. Inzwischen sind die umgebauten Kähne properen Ausflugsbooten gewichen, doch noch immer tuckern die Schiffe in südwestlicher Richtung durch das schon von den Römern ›portus magnus‹ genannte große Hafenbecken hinaus. Bei Port des Tor-

△ Mit eigenen Stränden ist Sant Antoni nicht gesegnet. Boote bringen Badegäste zu den Stränden im Süden

△ Erste Station ist die Cala Bassa – die Strandliegen warten schon

△ Cala Grassió

Aus einer Fischergrotte wurde das Aquarium Cap Blanc ▽

So richtig viel zu sehen gibt es in der Cova de ses Fontanelles nicht, doch lohnend ist der Weg dorthin ▽

rent fahren sie an einem alten Steinbruch vorbei, der zum Meer hin offen ist und wie ein Amphitheater aussieht. Es folgen die Cala Bassa, schön gelegen, aber überfüllt, und hinter der Landspitze Punta de sa Torre die unbebaute Sandbucht Cala Comte. Ihr vorgelagert sind zwei kleine Inseln und die rund zwei Kilometer lange Illa sa Conillera, die ›Kanincheninsel‹. Auf dem kargen Eiland soll Hannibal, der Feldherr der Karthager und große Gegner Roms, das Licht der Welt erblickt haben – Betonung auf ›soll‹ …

Mandelblüte bei Santa Agnès

Zurück nach Sant Antoni und von dort nordwärts – in eine andere Welt, die des ländlichen Ibiza: Trockenmauern vor Getreidefeldern und Orangenhainen, Gärten mit Bohnen und Artischocken tauchen auf, sobald man die Hotelburgen hinter sich lässt. Ein mit Feldblumen geschmückter Ziehbrunnen: Auf dem Land weiß man, wie wichtig Wasser ist. Kaum noch eine Funktion haben dagegen die alten Kalköfen, in denen der zum Bauen und Weißeln der Fincas benötigte Kalk gebrannt wurde. Am Wegesrand kann man einige dieser Gebilde aus Lehm und Feldsteinen mit einem Loch in der Mitte noch entdecken.

In Santa Agnès sitzen die Fremden auf der Terrasse der Bar ›Cosmi‹, lassen sich die Tortilla nach Art des Hauses schmecken und gucken zu, wie andere Fremde etwas hilflos vor der kleinen Kirche stehen, weil sie dann doch etwas mehr als nur Ruhe und ein gutes Kartoffelomelett erwartet hatten. Im Januar und Februar bietet Santa Agnès eine echte Attraktion: Dann blühen die Mandelbäume im Tal. Tausende weißer Blüten – es sieht aus, als läge Schnee auf den Ästen.

Im August, wenn die Mandeln reif sind, legen die Bauern Netze unter die Bäume und schlagen mit langen Stangen die Früchte ab. Sie entfernen die lederartige Haut und legen die Nüsse ein paar Tage in die Sonne. Danach lässt sich die harte Schale gut knacken. Sie wurde früher aufbewahrt und sorgfältig verbrannt; die Asche diente als Seifenersatz. Die Bäuerin gab sie in einen Wassertrog, rührte kräftig durch und ließ die

△ Die Gegend rund um Sant Mateu ist Bauernland, der Tourismus hat bislang kaum Spuren hinterlassen

△ Schneeweiß und schlicht: die Kirche von Santa Agnès

△ In Santa Agnès entstehen hübsche Lederarbeiten

Viel Arbeit – aber sein eigener Wein ▽

△ Saubermachen zum Verkauf: Porree-Ernte bei Santa Gertrudis

Männerrunde am Dorfplatz von Santa Agnès ▽

Asche sich setzen. Wenn das Wasser klar war, kam die Wäsche hinzu. Noch immer sind die Mandeln ein wichtiger Bestandteil der Inselküche. Mit Öl, Zwiebeln und Tomaten wird daraus die Soße ›salsa de almendras‹, die zu Fisch und Fleisch schmeckt. Aus gemahlenen Mandeln, Honig und Zimt besteht ›turrón‹, eine süße Leckerei.

Wein und Schinken

An Sant Mateu d'Aubarca ist der Fremdenverkehr vorbeigegangen, und viel wird sich daran auch nicht ändern: Der ganze nordwestliche Küstenabschnitt zwischen Cap Nunó und Portitxol steht unter Naturschutz. Der wichtigste Broterwerb der Bauern ist hier der Weinanbau. Im Dezember kommen Besucher aus allen Inselteilen, um den jungen Wein zu probieren; dann ist Festzeit in Sant Mateu.
Einmal hier, sollte man sich auf den Weg zur Cala d'Aubarca machen – zu Fuß. Über die fruchtbare Hochebene wandert man an die Steilküste, wo Balearen-Alpenveilchen und Orchideen wachsen. Erstere gehören zu den wenigen endemischen Arten; die meisten Pflanzen auf Ibiza, von den Obstbäumen bis zu den Agaven und Feigenkakteen, wurden irgendwann eingeführt. Diese ›zugewanderten‹ Pflanzen, dazu Bauernhöfe hinter Trockenmauern, sieht man auf dem Weg nach Santa Gertrudis de Fruitera, wo sich die Welt wieder verändert: Ist Sant Mateu bäuerlich, dann ist Santa Gertrudis schick. Drei Restaurants, eine Galerie, die internationale Buchhandlung ›Libro Azul‹ und ein paar exklusive Läden für Dekorationen und Antiquitäten weisen auf zahlungskräftige Kundschaft hin, die in neuen Häusern und restaurierten Fincas lebt. Unverändert blieb die Bar ›Costa‹. Ihr Kennzeichen: luftgetrocknete Schinken, die von der Decke baumeln. Und an den Wänden Gemälde, die der Wirt bei den Malern der Umgebung erwarb – meist im Tausch gegen Naturalien.

Wo die Steine fliegen

Sant Josep de sa Talaia ist auch nicht gerade eine Stadt, aber immerhin die größte Gemeinde im Süden. Und wohlhabend: Das sieht man an der schmucken Kirche, den

△ Im Mittelpunkt die Kirche, …

△ Sant Rafel ist für seine Keramikwerkstätten bekannt

Kunst in Santa Gertrudis, hier in der Galerie ›Can Daifa‹ ▽

△ Arrangement oder Zufall? Zum Essen zu schade ▽

... auch in Santa Gertrudis. Doch fast so wichtig ist der Dorfladen ▽

neuen Häusern, Bankfilialen, Supermärkten. Für Besucher interessanter sind aber die Galerie ›Sargantana‹ und die Geschäfte, die Volkskunst anbieten: Schmuck, Stickereien und Musikinstrumente.

Natürlich hat auch Sant Josep seine Traditionen, ausgesprochen balearische sogar: Hier wird die alte Fertigkeit des Steinschleuderns gepflegt, der der gesamte Archipel ja seinen Namen verdanken soll. Denn wie perfekt die Insulaner dieses Mittel der kriegerischen Auseinandersetzung beherrschten, erkannten schon die Römer und verpflichteten sie als Söldner für ihre Feldzüge. ›Ihre Waffen sind Schleudern, mit denen sie große Steine gegen ihre Feinde schleudern‹, schrieb der Grieche Diodor im 1. Jahrhundert v. Chr., und weil ›schleudern‹ auf griechisch ›bállein‹ heißt, wurde daraus Baliaridis – oder eben Balearen. ›Tir amb bassetja‹ heißt die uralte Disziplin in der Sprache der Balearen selbst. Die Hirten setzten sie zum Hüten ihrer Schafherden ein, die Jäger bei der Kaninchenjagd.

Es ist ein Sport daraus geworden. Man fertigt Schleudern aus Hanf und Leder, die geeigneten Kieselsteine findet man an der Platja des Codolar südlich des Flughafens. Einmal im Jahr wird eine Meisterschaft ausgetragen, hier in Sant Josep.

Wildziegen am Zauberberg

Von den Buchten in Ibizas Südwesten ist die Cala d'Hort die schönste. Der Aussichtsturm steht auf einem Felsvorsprung – man genießt das großartigste Panorama der Insel. Zu Füßen die zerklüftete Steilküste mit dem alten Wachturm Torre del Pirata, etwas weiter das Inselchen Vedranell – und dahinter steigt die Illa Es Vedrà aus dunkelblauem Wasser. Der 382 Meter hohe Felsen ist Ibizas Zauberberg, eine Naturkathedrale, bewohnt von Seevögeln und einer Eidechsenart, die es sonst nirgends gibt. Die schwarzen Wildziegen dort sollen den Karmelitermönch Pater Palau, der sich auf die mythische Insel zur Meditation zurückgezogen hatte, mit Milch versorgt haben.

So mag der Pater seinen Frieden gefunden haben, doch an der Bucht, auf die er blickte, der Cala d'Hort,

△ Dass die Cala Vadella malerisch ist, blieb den Fremden nicht verborgen

△ Diese Aussicht genießt man vom Berg Sa Talaiassa

△ Wenig besucht: die Kirche von Sant Agustí

△ Sportlich: auf dem Weg zur Cala Vadella

Bei Sant Agusti: Trockenmauer im Blumenkleid ▽

Ein aufwendig restauriertes Finca-Hotel ist das ›Can Palerm‹ bei Sant Josep de sa Talaia ▽

streitet man sich heute. Ein Golfplatz soll her, der zweite nach der großen Anlage Roca Llisa zwischen Eivissa und Santa Eulària – das jedenfalls möchten die einen. Naturschutz sei wichtiger, erst recht hier gegenüber der einzigartigen Insel Es Vedrà, kontern die anderen. Ein für Feriengebiete fast schon klassischer Konflikt – wie er ausgehen wird, ist ungewiss.

Salz im Naturpark

Rosa Salzteiche, eine Kirche zwischen Wassergräben und Palmen, das ist Ses Salines. Die Methode ist uralt: Man leitet Meerwasser in flache Becken, wartet, bis das Wasser verdunstet und das Salz sich ablagert, und häuft es dann zu einem leuchtend-weißen Berg. Mit etwas Glück können Besucher zusehen, wie in dem kleinen Hafen Sa Canal das Salz verladen wird.

Vor Jahren wurden die Salinen und mit ihnen das gesamte Gebiet südlich des Flughafens zur geschützten Zone erklärt. Zum Ärger von Bauspekulanten, zum Wohl aber der Vögel und Pflanzen. Kormorane, Graugänse und Schnepfenvögel, Kiebitze, Grasmücken und Stelzenvögel nisten oder rasten hier, und in den Dünen wachsen Strandstern, Stranddistel und die prächtige weiße Dünentrichternarzisse.

Eine Natur, wie sie die meisten gern behalten möchten – auch die vielen ausländischen Residenten, für die Ibiza zum Ziel der Träume geworden ist. Insgesamt leben bereits rund 15 000 Ausländer auf den Pityusen, und es werden immer mehr. Nicht nur Schauspieler, Maler, Musiker oder betagte Reiche machen die Insel zu ihrer Wahlheimat, sondern zunehmend auch junge Selbstständige und geschickte Unternehmer, die entweder ihren Wohnsitz im Süden mit einem Arbeitsplatz im Norden kombinieren oder aber für eine Zeit kommen, hier leben, eine neue Existenz gründen – und vielleicht für immer bleiben.

›Wenn sich das Ende aller Tage nähert, so möchte ich auf dieser Insel sein.‹ Nostradamus, der mittelalterliche Spökenkieker, soll das gesagt haben. Das Ende aller Tage? Warum so lange warten? Zumindest könnten Sie ja mal vorbeischauen!

Palma de Mallorca
Cap des Mossons
Cap de Rubio
Es Portitxol
Na Xamena
Punta de ses Torretes
Es Racó Verd
Cala d'Albarca
Can Vicenç de sa Serra
Can Marià
Can Nadal
Penyals des Camp Vell
Camp Vell
398
Cala d'en Sardina
Penya Vermella
Es Castellar
Ses Margalides
Ses Balandres
Can Blai
Cova
339
Ses Casetes
Can Pere Mandale
Can Ros
Can Miquel des Recó
Cap Negret
Punta Roja
Can Gorra
Santa Agnès de Corona
Sant Mateu d'Aubarca
Bella Rota
Corrals d'En Guillem
Cas Mart
Cap Nunó
Cabo Nonó
257
Cova de ses Fontanelles
Ses Fontanelles
Can Vicent des Cocons
Na Foradada
Can Costa
Puig d'en Serra
255
Puig d'en Francolí
Can Francolí
236
Arroyo de Buscastell
Ca N'Escarré
Ca Na Marqueta
Serra des Forn Nou
347
Can Recó
Rafal de Dalt
Can Mossón
Can Pep des Cucons
Ses Planes
Cas Ramons
Can Tia
Can Joan
Cala Salada
Punta Galera
Punta Sa Galera
Puig d'En Blai
275
Ca Na Parra
Can Reconada
s'Alqueria
Cap Negret
Can Germa
Ses Vidases
Cala Gració
Stella Maris
Can Besora de Sa Capella
Can Messón de sa Torre
Buscastell
Sa Basa Roja
Santa Gertrudis de Fruitera
Dènia
La Savina (Formentera)
Cap Cavall
68
Cap de S'Aguila
Sa Conillera
Cap Blanc
Na Plana
Na Bose
I. Na Gorra
Illes Bledes
Cala Grassió
Punta de Ses Briades
Sant Antoni
Sant Antoni de Portmany (San Antonio Abad)
Badia de San Antoni
Port des Torrent
Calo de S'Oli
Torrent
Ses Païsses
Es Puig
S'Olivera
Talaia de Sant Rafel
Can Senyora
Col d'En Lluc
Torrent de Llavanca
Punta de Sa Torre
Cala Roja
Cap La Bassa
Cala Bassa
I. de Bosc
67
Cala Comte
Cala Bassa
Port d'es Torrent
Can Portes
731
Puig de S. Llorenç
16
Sant Rafel de Forca
Fantasylandia
I. de s'Espart (o S'Espartar)
67
Cala Comte
Puig del Delfin
Cala Codolar
Cala Corral
Serra de Sindic
219
Beniferri
292
Serreta de Can Palau
Puig de sa Picosa
Puig de ses Vinyes
Putxet d'En Puig
Monte Cristo
Cala Corral
Cala Tarida
Sant Agusti
Pujol Gros
Puig de S'Avech
339
Puig Recó
Puig d'es Furnat
Serra de sa Murta
400
Serra de Ses Fontanelles
Ses Fontanelles
Puig d'en Palau
260
Puig Vallès
Cala Molí
Puig d'en Sunyer
Sant Josep de sa Talaia
Cala Molí
Punta de sa Llosa
Coll de Sa Creu
243
Sa Talaiassa de Sant Josep
475
Puig Gros
415
Font de Sire
Sa Font d'en Mestre
Font d'en Ballet
209
Coll des Vent
Can Berrinola
Puig de Can Damià
EIVISSA (IBIZA)
Cala Vadella
Cala Vadella
Ses Roques Altes
Ses Cases Noves
Caló de s'Oratge
Sierramar
Puig Pelat
Puig Negre
Sa Font de Juberta
Torrent de Cas Berris
Puig d'en Cardona
Necrópolis Fenicia
Ses Figueretes
Cala Carbó
Cala Truja
Es Pla
Cala d'Hort
Cala d'Hort
Coll de Son Mangana
302
Can Sindic
Puig Redó
Cova Santa
Sa Plana de Sa Pella
106
Coll de Jondal
Can Jondal
Can Bonet
Can Visent Font
Sant Jordi
I. de ses Rates
Platja d'en Bossa
Paisa d'en Marc
Seminario de Es Cubells
N.S. del Carmen
Cubells
Vista Alegre
Es Racó
Es Prat
Platja d'en Bossa
I. des Malvins
Cap Blanc
Torre del Pirata
Mirador des Savinar
Cap des Jueus
Llentrisca
413
Cap Negret
Ses Illetes
Ca N'Arribas
Es Codolar
Torre Sal Rossa
I. Espona
I. Sal Rossa
Aeroport
Sant Francesc
La Xanga
Illa Es Vedrà
382
I. Vedranell
Paissa d'En Font
Cala Llentrisca
Porroig (Puerto Roig)
Cala des Jondal
Fita des Jondal
159
Sa Caleta
Platja des Codolar
Ses Salines
Puig des Corb Marí
160
Punta des Corb Marí
Punta de Porroig
Cap Llentrisca
Punta des Jondal
Pont de Baix
La Revista
València
Sa Canal
El Cuartel
Platja de Es Cavallet
Platja de Migjorn
Cap de Falcó
Torre de Ses Portes
Punta de ses Portes
I. Caragoler
Punta de sa Rama
Illes Negres
I. des Penjat
Dènia
La Savina (Formentera)
I. Espalmador
Far d'en I. de Penjats
78
Punta de Ranxos

Wo gibt es was?

Fähnchennummer = Textnummer ℹ = Auskunft

Sant Antoni de Portmany ①

15 000 Einwohner zählt die Hafengemeinde (Fährverbindung mit Denia auf dem Festland bei Alicante), zu deren Verwaltungsgebiet auch *Santa Agnès, Sant Mateu* und *Sant Rafel* gehören. Die Stadt ist lebendig, oft sogar turbulent, denn sie ist das Ziel meist jugendlicher Besucher. Viele kommen aus England, die meisten wollen sich amüsieren, und wer die Nacht zum Tage macht, fragt nicht nach gemütlichen Hotels, sondern sucht billige Unterkünfte. Das Ergebnis: Hässliche Zweckbauten – rund 90 Hotels mit etwa 12 000 Betten! – verstellen den Blick auf den eigentlich ansehnlichen alten Stadtkern.

Sehenswert: Die Promenade Passeig de ses Fonts verläuft unmittelbar am nördlichen Ufer der Badia de Sant Antoni, der von den Römern ›großer Hafen‹ (portus magnus‹, daher ›Portmany‹), genannten Bucht. Zwischen den Palmen und Springbrunnen auf der einen Seite stehen die Tische und Stühle der Cafés und Eisdielen; auf der anderen Seite warten Ausflugsboote darauf, die Badegäste zu den etwas abseits gelegenen Stränden zu bringen. Blickpunkt am Ostende ist die Skulptur ›Ei des Kolumbus‹; ein Loch in der Mitte zeigt eine Nachbildung der Karavelle ›Santa Maria‹. Die Plastik wurde im Kolumbusjahr 1992 aufgestellt, auch um die These des Journalisten Nito Verdera zu stützen, der zu beweisen versucht, dass Kolumbus Ibizenke war.

Auf einer Anhöhe wurde die Wehrkirche Sant Antoni erbaut. Bis ins 13. Jh. stand dort eine Moschee; an ihrer Stelle errichteten die christlichen Eroberer 1305 eine Kapelle, die im 17. Jh. zur Kirche ausgebaut wurde. Das Gotteshaus ist eine Oase der Ruhe; drinnen kann man sich in das Gemälde ›Ekstase des heiligen Antonius‹ vertiefen, draußen in der Vorhalle ein wenig entspannen.

Nachtleben: Es beginnt bei Sonnenuntergang im ›Café del Mar‹ (C/. Lepant), nimmt seinen Verlauf in den Pubs, Bierkneipen und Tanzdielen des ›West End‹ genannten Viertels zwischen Kirche und Carrer del Mar und endet bei Sonnenaufgang in der wirklich schönen Disco ›Es Paradis Terrenal‹ (Av. Dr. Fleming, Ostufer der Bucht) oder dem ›Play 2‹ (C/. Santa Agnès 3).

Veranstaltungen: Am 17. Jan. Patronatsfest San Antonio Abad; Höhepunkte sind die Segnung der Haustiere und sportliche Wettkämpfe. Und weil andere Gemeinden ihre Feste in der Zeit feiern, in der es von Touristen wimmelt, adoptierte auch Sant Antoni einen zweiten Heiligen: Sant Bartomeu wird am 24. Aug. gefeiert, mit Musik, Tanz, Ausstellungen, einem verkürzten Marathon und Feuerwerk um Mitternacht.

Strände: Nur Mutige legen sich an den Strand vor der Stadt. Bequem per Bus oder Boot zu erreichen sind die Buchten südwestlich der Stadt (10–15 km): *Cala Tarida,* eine flache, familienfreundliche Sandbucht mit Hotels und Restaurants; *Cala Comte,* eine unbebaute Sandbucht mit Blick auf *Sa Conillera,* die Kanincheninsel; und *Cala Bassa,* eine große, sehr belebte Sandbucht mit Wassersportangebot (Tretboote). Nördlich der Stadt liegen (2–4 km) *Cala Grassió,* eine schöne kleine Sandbucht mit sauberem Wasser, *Cala Salada,* eine tief eingeschnittene Bucht mit kleinem Sandstreifen und flachem Wasser, und für Romantiker davor die Felsenbucht an der *Punta Sa Galera* – hier muss man die letzten 400 m zu Fuß zurücklegen.

Wassersport: Surfen (Club de Surf, Caló des Moro), Segeln (Club Náutico, Pg. Marítim), Tauchen (La Sirena, C/. Balansat).

Umgebung: Am *Cap Blanc* (2 km nordwestl.) eine zum Naturaquarium umgebaute Grotte (›Acuarium‹; tgl. 10 Uhr bis Sonnenuntergang); 2 km Richtung Can Germa die unterirdische Kapelle *Cova de Santa Agnès* (mo 9–12 Uhr). *Sant Mateu d'Aubarca* (15 km nordöstl.) hat eine hübsche Kirche aus dem 18. Jh. und wird vom Tourismus kaum berührt. Die Bewohner leben von der Landwirtschaft (Mandeln, Oliven, Weizen) und produzieren einen recht guten Wein. Anfang Dez., wenn die Schlachtfeste (›matanzas‹) beginnen, feiert der Ort ein lebhaftes Weinfest. *Santa Agnès de Corona* (10 km nördl.) ist zur Zeit der Mandelblüte (Ende Jan./Anf. Febr.) reizvoll; Ruhe und Abgeschiedenheit gibt es das ganze Jahr. Bekannt ist die Terrasse von ›Can Cosmi‹, wo die beste Tortilla der Insel serviert wird.

Wandern: 7 km ab Sant Antoni zur *Cova de ses Fontanelles* am *Cap Nunó* (nördl. hinter Punta Sa Galera), einer Höhle mit Felsmalereien aus der Bronzezeit.

ℹ OIT, Passeig de ses Fonts,
E-07839 Sant Antoni de Portmany,
Tel. 971 34 33 63.

Sant Rafel de Forca ②

Das Dorf an der Kreuzung (forca) ist bekannt für seine Keramikwerkstätten – und als kulinarisches Ausflugsziel auch bei den Einheimischen überaus beliebt. Es gibt eine gute Handvoll Restaurants verschiedenster Richtungen, zwei direkt neben der Wehrkirche von 1785.

Nachtleben: Zwei der bekanntesten Discos liegen in der Nähe: das ›Privilege‹, das unter dem alten Namen ›KU‹ Inbegriff für ausgelassene Feste war, und das ›Amnesia‹ mit seinen legendären Schaumpartys.

Veranstaltungen: Trabrennen im ›Hipódromo Ibiza‹ (S'Hort Nou)

Umgebung: *Santa Gertrudis de Fruitera* (8 km nordöstl.) hat lange Winterschlaf gehalten, bevor es die Aufmerksamkeit ausländischer Residenten auf sich zog. Eine internationale Buchhandlung plus Galerie, schicke Restaurants und Einrichtungsgeschäfte zeugen von dem Wandel. Man trifft sich am Kirchplatz.

Sant Josep de sa Talaia ③

Die Großgemeinde (12 000 Einw.) erstreckt sich von der Platja d'en Bossa bis fast zur Bucht von Sant Antoni. Sehenswert in der Dorfkirche der Altar und die Glasfenster.

Wandern: Am Dorfplatz beginnt ein Wanderweg zum *Sa Talaiassa.* Ibizas höchster Berg (475 m) bietet herrliche Panoramablicke über die hügelige Landschaft und das Meer.

Veranstaltungen: 19. März Patronatsfest; Meisterschaften im Steinschleudern (›Tir amb bassetja‹; kein fester Termin).

Umgebung: *Sant Agustí des Vedrà* (4 km nördl.) mit Kirche, Kneipe, Kaufladen, deutscher Schule Can Blau und kleiner Galerie Berri ist ein malerischer Ort, an dem der Touristenstrom bislang vorbeigezogen ist. In der *Cova Santa* (5 km südöstl.), in welcher der legendäre Pater Palau gebetet hat, stellt ein Tropfstein ›Mutter und Kind‹ dar (tgl. 9.30–13.30 Uhr). *Sa Caleta* (10 km südöstl. an der Küste) war früher ein nur den Einheimischen bekanntes Ausflugsziel, mit Plätzen für eine zünftige Paella und Unterständen für Boote. Dann entdeckten Archäologen Reste einer Siedlung, die sie auf 700 v. Chr. datierten; demnach war Sa Caleta die erste Siedlung der Karthager, ein halbes Jahrhundert älter als Eivissa. Das Gelände kann nach Anmeldung (Tel. 971 19 59 00) betreten werden.

Strände: *Es Cubells* (6 km südl. Sant Josep) mit länglichem schmalen Sandstrand unter Felsen. *Cala des Jondal* (westl. Sa Caleta) mit Sand und Kies in schöner Lage. *Platja des Codolar* (östl. Sa Caleta) mit großem Kiesstrand, wenig besucht; was aber stört, ist der Lärm des nahen Flughafens.

Cala Vadella ④

Cala Vadella ist eine herrliche, aber dicht mit Ferienhäusern, Bars und Boutiquen bebaute Bucht. Die Siedlung entstand im spanischen Stil (weiße und ockerfarbene Häuser) unter Pinien. Die Bucht, glasklar und tükisfarben, ist ideal für Wassersport. Wer allerdings Ruhe sucht, sollte den etwas beschwerlicheren Weg zur südlich gelegenen *Cala Carbó* wählen (je nach Weg 3–5 km).

Umgebung/Strände: *Cala d'Hort* ist die landschaftlich schöne Nachbarbucht, die durch den Bau einer Asphaltstraße aber an Charme verloren hat. Berauschend ist nach wie vor der Blick auf die Inseln *Es Vedrà* und *Vedranell.* Es Vedrà, die größere, ist 382 m hoch und von Geheimnissen umgeben: Oft wird behauptet, dass es sich um einen Teil des verschwundenen Atlantis handele, und die lokale Presse berichtet gern von Ufos, die dort gesichtet würden. Ein zauberhaftes Stück Natur ist es auf jeden Fall, und auch die der Insel gegenüber liegende Küste mit dem alten Wachturm Torre del Pirata (16. Jh.) hat ihren Reiz.

Wassersport: Surfen, Tauchen, Wasserski in Cala Vadella.

Maßstab 1:110.000

Handgestrickte Pullover sind ein Markenzeichen von Formentera. Auch der Strohhut zum Arbeitskittel ist alte Tradition.

Stille Tage auf Formentera

So könnte die Antwort lauten auf die Frage nach dem Reiseziel eines Menschen, der schon alles kennt. Denn Formentera ist wie geschaffen zum ›Aussteigen‹, und sei es nur für drei Wochen mit Vollpension. Ob man die Insel lieben oder rundweg ablehnen wird, entscheidet sich meist schon am ersten Tag. Es sind gar nicht so wenige, die für einen Urlaub kamen und dann Jahre blieben. Tausende, die gern geblieben wären, aber nicht konnten, nahmen dafür die Insel mit – als Anhänger am Goldkettchen, als Aufkleber am Autoheck. Eine Ikone, ein Geheimbundzeichen: Seht her, ich auch!

△ Ankunft der Formentera-Besucher im Hafen La Savina

△ Leihfahrräder in La Savina: Formentera ist für Radtouren wie geschaffen

△ Am Hafenlicht vorbei blickt man hinüber zur Insel Es Vedrà

Touristenauskunft, Autoverleih und Läden in La Savina ▽

△ Nicht weit vom Hafen erstrecken sich die Salinenfelder … … und, in verlockenden Farben, die Strände von Ses Illetes ▽

Es ist schwer, die Magie einer Insel zu beschreiben, die so gar nichts Aufregendes hat. Helle Sandstrände und blaue Buchten gibt es auch anderswo. Die Olivenbäume sind nicht sehr alt, es gibt kaum historische Bauten, und Formenteras Beitrag zur spanischen Küche sind luftgetrocknete Fische. Die höchste Erhebung ist genau 192 Meter, die Natursteinmauern sind schön, aber recht vernachlässigt. Das Licht, ja, das Licht ist wirklich einmalig. Aber da wäre ein Maler berufener. Lieber über Menschen sprechen, das ist einfacher.

Kanonen auf der Kirche

Zuerst über die Ureinwohner, die am Salzsee ein Megalithgrab hinterließen. Dann kamen die Phönizier, ihnen folgten Römer, Wandalen, Byzantiner, Normannen und Mauren, eben all jene Eroberer, die zuerst Ibiza und dann auch die kleine Schwesterinsel in die Tasche steckten. Und nachdem die Christen 1235 Ibiza erobert hatten, verjagten sie die Muselmanen auch von Formentera. Die katalanischen Siedler bauten bei Sant Francesc eine Kapelle, deren Reste bis vor zwei Jahrzehnten unbeachtet zwischen Neubauten und Ziegenställen standen; diese ›Capella de sa Tanca Vella‹ ist das einzige Zeugnis aus jener Zeit. Denn wegen der häufigen Piratenüberfälle konnte sich rund drei Jahrhunderte keine ständige Bevölkerung halten. Erst Ende des 17. Jahrhunderts, als die Ibizenken selbst Korsaren geworden waren, wurde die Nachbarinsel wieder besiedelt. Um die Konkurrenz, die ebenfalls unter schwarzer Flagge segelte, besser im Auge behalten zu können, bauten die Formenterenser an allen wichtigen Inselecken Wachtürme. Und im künftigen Hauptort Sant Francesc bestückten sie ihre Wehrkirche mit Kanonen.

Im Ruderboot nach Afrika

Die folgenden Jahrhunderte schlief die Insel ihren Dornröschenschlaf, aufgeschreckt nur durch gelegentliche Überfälle arabischer Piraten. Richtig wachgerüttelt wurde sie aber durch den Bürgerkrieg, der hier, wo die Familienbande enger als anderswo sind, schlimmste Wunden riss. Es gab Fischer, die vor Francos

△ Sant Francesc: Früher standen Kanonen auf der Kirche

△ Unter dieser Bougainvillea möchte man rasten

Natursteinmauern überziehen das Land ▽

△ Naturhafen mit Bootsrampen in Es Caló

In Sant Francesc: feierliches Familienfoto zur Erstkommunion ▽

Truppen nach Algerien flüchteten, mit dem Ruderboot. Jedes Motorengeräusch hätte die Küstenwache alarmiert. Die Alten wissen auch noch, wer von den Insulanern auf welcher Seite stand. Und sie kennen die Höhlen an der Küste, wo deutsche U-Boote im Schutz oder auf der Lauer gelegen hatten. Die Mauern eines Gefangenenlagers bei La Savina werden nach und nach abgetragen oder verfallen langsam.

Vollmondfeste am Strand

In den 1950er-Jahren kamen die neuen ›Entdecker‹, unter ihnen das israelische Malerpaar Sioma Baram und Bella Brisel. Doch zunächst konnten sie gar nicht bleiben, weil es auf der Insel nur so viele Betten gab wie Einwohner. Mac Zimmermann, der deutsche Surrealist, kam etwas später und baute sich ein Haus bei Es Caló.

Das erste Hotel, das ›Roca Bella‹, wurde 1957 in der Bucht von Es Pujols eröffnet. Gemäß alten Erzählungen wimmelte es dort nur so von deutschen Professoren, polnischen Adligen, Schauspielerinnen, Intellektuellen und Kriegsveteranen aus aller Welt. Vom Korea-Kämpfer Jack Longini hängt in der ›Fonda Pepe‹ eine Karikatur des Zeichners Ging, die den Amerikaner umschwärmt von Frauen und Meerjungfrauen zeigt.

Nach diesen Pionieren eroberten die Hippies Formentera. Das war die Zeit, als Bob Dylan in einem Schafwollpullover aus Formentera auftrat und die kleine Insel zum Synonym für Freiheit wurde. Vollmondfeste am Strand von Migjorn, Schlafsäcke in den Dünen. Für die Schildkröten, die damals noch an den Strand krochen, um im warmen Sand ihre Eier abzulegen, wurde es eng.

Karibikatmosphäre

Formenteras Strände gehören zu den schönsten des Mittelmeeres. Ganz im Norden, beiderseits der baumlosen Landspitze Trucadors, liegen die Strände Ses Illetes und Llevant mit wunderbar feinem Sand und Wasser, das in allen Farbabstufungen von Smaragdgrün bis Tintenblau schimmert. Dass hier Karibikstimmung aufkommt, hat sich auch bis zur Nachbarinsel herumgesprochen. Sommertags schippert eine Ar-

△ *Nur die ganz Alten tragen die Alltagstracht*

Volkstanzfest in Sant Ferran: Festlich gekleidet warten sie auf den Einsatz ▽

△ *Kastagnetten geben den Rhythmus an*

△ Prüfender Blick: Das machen sie gut … … auf dem Kirchplatz von Sant Ferran ▽

mada von Privat- und Ausflugsbooten von Ibiza zu diesen Stränden. Ruhiger geht es am Südstrand zu. Die Platja de Migjorn ist ein sechs Kilometer langer, flacher Küstenstreifen, von Felsnasen unterbrochen. Hier gibt es Dünen und ein paar eigenwillige Strandbuden, unter ihnen der ›Pirata-Bus‹, der tatsächlich ein ausrangierter Linienbus war, dann aber durch eine Holzkonstruktion ersetzt wurde. Gute Musik und ein Glas Wein sorgen immer noch für die richtige Urlaubslaune; doch vergessen sollte man nicht, dass es vor allem hier, aber auch an den Nordstränden, selbst bei ruhigem Wetter gefährliche Strömungen gibt.

Hotelbetten zu Weidezäunen

Doña Maria wohnt auf der Hochebene La Mola. Um Brot zu backen, heizt sie den Ofen mit Reisig an. Doch genauso selbstverständlich greift sie zum Mobiltelefon, um mit der Tochter Catalina im ›Flachland‹ zu sprechen. Für die Einheimischen ist das Nebeneinander von Alt und Neu natürlich. Wenn ein Auto ausgedient hat, warum es nicht als Kaninchenstall weiterbenutzen? Eine Holzpalette passt gut in eine Mauerlücke, und aus ausgesonderten Hotelbetten lassen sich Weidezäune machen. Manche Besucher empfinden das als Stilbruch. Sie hätten gern, dass die Bauern wieder mit Maultieren pflügen – fürs Fotoalbum.
Marias Mann, Juan Torres Mayans, ist der letzte Müller auf der Mola. Bis 1964 hat er das Korn in einer 200 Jahre alten Windmühle gemahlen, danach setzte er einen Motor ein, und als die Solartechnik aufkam, hat er die ewig rußenden Petroleumlampen gegen elektrische Lampen ausgewechselt. An die goldenen Zeiten ohne Strom, von der die Ausländer immer so verklärt sprechen, kann er sich noch gut erinnern.

Vom Vorteil weißer Hühner

Viele seien damals nach Südamerika ausgewandert, erzählt Don Juan. ›In nahezu jeder Familie musste ein Mann zur See fahren, weil der magere Boden nicht alle ernährte. Elf Monate arbeiteten sie auf fremden Schiffen, nur über Weihnachten kamen sie nach Hause. Das Leben war hart, aber heute gibt es

△ Vi pagès, der Landwein von Formentera, ist nicht jedermanns Sache – doch er möchte keinen anderen

△ Estufador – Bootsunterstände an schroffer Küste

△ Typisch: Feigenbäume am Weg nach La Mola

Magisch: Blick von der Hochebene La Mola ▽

△ Die alte Kornmühle bei El Pilar de la Mola

Hart an der Steilküste steht der Leuchtturm Far de la Mola ▽

auch Probleme.‹ Welche Zeit die bessere gewesen sei? Da zuckt er die Schultern. Das ist so eine Eigenart der Einheimischen; wenn eine Frage zu töricht ist, lächeln sie nur höflich und schützen Unwissenheit vor.
Die Formenterenser sind zurückhaltend bis zur Gleichgültigkeit, fragen nie etwas und wissen doch alles. Wer kreuz und quer mit der Insel verwandt ist, benötigt keine neuen Freunde. Mit den zugezogenen Ausländern tauscht man Höflichkeiten aus: über das Wetter, über den Vorteil weißer (mehr Fleisch) gegenüber bunten Hühnern (mehr Eier). Mit den Touristen spricht man schon mehr, denn die sind ja bald wieder weg. Natürlich ist das gut so! Nur so lässt es sich auf einer Insel aushalten, die an der schmalsten Stelle keine 2000 Schritte breit ist.

Thymian und Rosmarin

Für ein nur knapp hundert Quadratkilometer großes Eiland bietet Formentera sehr abwechslungsreiche Landschaften. Sandbuchten wechseln mit Klippen, Pinienwälder mit Weingärten und Kornfeldern. Die von Wildkräutern bewachsene Garigue geht über in Landstriche mit nichts als Steinen, Geröll und flimmernder Luft. Im Westen liegen zwei Salzseen und die Salinen mit ihren geometrischen Salzbecken, die je nach Wassertiefe violett, rosa oder ocker schimmern. Im Osten erhebt sich, umgeben von schroffer Steilküste, die Hochebene La Mola – fast schon wieder eine Insel für sich.
Ein Netz von Feldwegen überzieht die Insel; Pfade, die für Autos wenig geeignet, doch zum Wandern und Radfahren ideal sind. Ein Ziel ist nicht nötig. Vor einem liegt das flache Land mit den charakteristischen Feigenbäumen, unter deren schirmartigen Blätterdächern Schafe und Ziegen Schatten suchen. Man kann anhalten, ein Foto machen, oder weiter radeln zu einer Strandbar. Überall ist das Meer nah, mal tintenblau zwischen Piniengrün, mal schwarz mit weißen Gischtflocken. Und zum Duft von Salzwasser, Rosmarin und Thymian mischt sich im Juni der Geruch von gemähtem Korn. Vom Weizen – lateinisch ›frumentum‹, ›forment‹ im Inseldialekt – leitet sich der Name der Insel ab.

△ Sonntags bauen die Nachzügler der Hippiebewegung ihre Stände in El Pilar de la Mola auf

Kritische Augen beobachten Firefox, den Maler ▽

△ Pullover aus Schafwolle sind ein beliebtes Mitbringsel

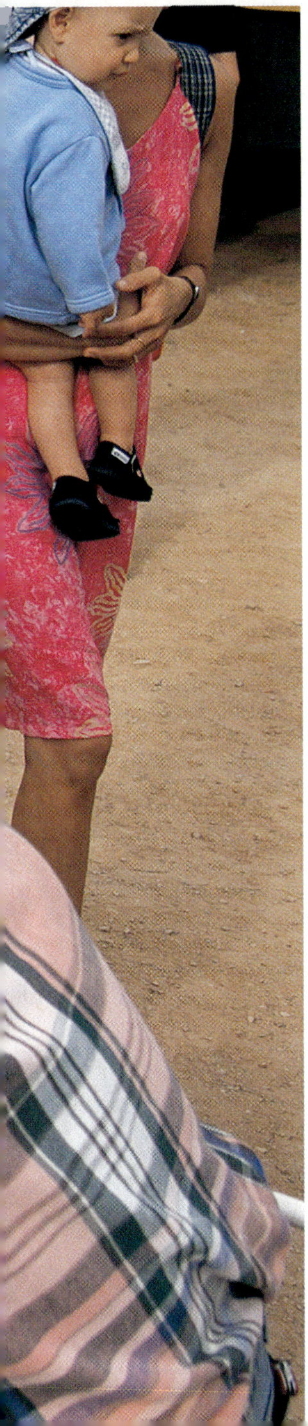

△ Gitarrenwerkstatt in Sant Ferran

Strandbude ›Pirata-Bus‹ an der Platja de Migjorn ▽

Karge Insel, magische Insel

Rund 6000 Seelen zählt die Insel, weit verstreut über das Land. Dörfliches Leben hat sich nur spärlich entwickelt; typisch ist das allein stehende Gehöft. Naturfarben oder weiß duckt sich so eine Finca in die Landschaft, mit blauen Türen, kleinen Fenstern und, im Gegensatz zu den kubischen Casas auf Ibiza, schrägem Ziegeldach. Die Bauern, die früher auch Fischer, Hirten und Maurer waren, bauten sie ohne Architekten, doch mit angeborenem Schönheitssinn. Separat stehen meist der Backofen und, gebaut wie eine Kapelle, die Zisterne, in der Regenwasser aufgefangen wird. Süßwasser ist knapp.

Also eine eher karge Insel, doch reich an Geschichten, Legenden und magischen Ortwen. Auf der Mola, wo bislang kein einziges Hotel errichtet wurde, steht ein Gedenkstein für Jules Verne, der Formentera in seinem utopischen Roman ›Reise durch das Sonnensystem‹ erwähnt hat. Nicht weit davon bewacht ein alter Leuchtturm die Steilküste. In seiner Kuppel dreht sich ein Kristall, der das gebündelte Licht in die Dunkelheit schickt. Wind, Wasser, Sterne, das Kreischen von Nachtvögeln ... Wenn es auf den Pityusen überhaupt noch magische Plätze gibt, dann ist dies ganz sicher einer davon.

Fluchtpunkt für Einzelgänger

Man hört immer, Formenteras Ursprünglichkeit sei angekratzt. Längst gibt es Supermärkte, schnelle Fährverbindungen und zwei Discos. Die Parabolantennen auf den Fincas nehmen zu, die schwarzen Alltagstrachten sieht man immer seltener. Auf der Terrasse der ›Fonda Pepe‹ säßen fast nur noch Fremde, klagen die Alteingesessenen. Man könnte mitjammern: stimmt. Man kann es aber auch so sehen: Die Insel lebt, Formentera ist kein Museum.

Wer den alten Charme der Insel sucht, der sollte allerdings außerhalb der Saison kommen. Dann knattern keine Motorroller über die Feldwege, dann gehören die Dörfer den Einheimischen und die Klippen des Cap de Barbaria den wilden Ziegen. Dann ist Formentera für Monate das, was es früher ständig war: eine Insel der Einsamkeitssucher.

Illa Eivissa (Ibiza)
Illa de Formentera
EIVISSA (IBIZA)
Platja de Talamanca
Punta de sa Calç
Cap Martinet
Barcelona
Palma de Mallorca, Maó (Menorca)
Cala Talamanca
Ses Figueres
Illa Grossa
La Seu
Fuerte
Necrópolis Fenicia
Ses Figueretes
I. de ses Rates
Dau Gran
Dau Petit
I. des Malvins
Puig d'en Palau 260
Puig de Can Damià
Sa Font d'en Mestre
209
Coll des Vent
Puig d'en Cardona
Can Berrinola
Can Bonet
Can Jondal
Can Visent Font
Sant Jordi
Es Raco
Es Prat
Platja d'en Bossa
Es Codolar
Torre Sal Rossa
I. Sal Rossa
I. Esponja
Aeroport
Sant Francesc
La Xanga
Ses Salines
Platja des Codolar
Puig des Corb Marí 160
Punta des Corb Marí
La Revista
Pont de Baix
Sa Canal
El Cuartel
Platja de Es Cavallet
Platja de Migjorn
Cap de Falcó
Torre de Ses Portes
Punta de ses Portes
Punta de sa Rama
I. Caragoler
Illes Negres
I. des Penjat
Punta de Tramontana
Punta Galera
27
I. Espardell
I. Espardello
València
Denia
Far d'en Pou
I. de Puercos
Punta de Ranxos
Cala Boc (o Cala Roja)
I. Torretas
Cala Torretas
Caleta des Morros
Racó des Mort
I. Espalmador
Torre de sa Torreta
22
Es Pujol Garrigó
Port de s'Espalmador
I. Gastaví
Punta del Pas
Pas des Trocadors
Trucadors
Es Borronar
Racó de Ses Ampollas
Ses Illetes
I. Ponet
I. Redona
Es Pujol des Palo
Molí Marroig
Ses Salines
Punta de sa Pedrera
Port de la Savina
Cala Sabina
Salinas
Platja des Pujols
Es Desterrats
Torre Gavina
La Savina
Estany Pudent
Ca Na Costa
Es Pujols
Punta Prima
Cová de ses Fumades Negres
Torre
Punta des Banc
El Banco
Estany des Peix
Can Marroig
Via Major
Racó des Forat
Punta Gavina
Club Punta Prima
Es Quintalar
Portusalè
Can Rampuixa
Es Broll
Prima 56
Cala En Baster
Empenalada
Penyes de Portusalè
Sa Mirada
Sant Francesc de Formentera
Sant Ferran de ses Roques
Ses Ruques
Racó de ses Canyes
Caló des Trui
Cala Saona
Sa Tanca Vella
Can Fumeral
Es Carnatge
Cala Saona
Punta Rassa
Punta Rosa
Es des Picatalà
Can Lluc Mestre
Punta de sa Palmera
Es Llisos
Punta de sa Creu
Can Ferrera
Torre des Pi des Català
22
Platja de Migjorn
Castellum Romà
Penyal d'en Jaume
Cova des Fum
La Cala
Sa Fontanella
Torrentó des Jai Martí
Pla de Sitges
Racó de s'Argelar
Platja de Migjorn
Can Mayans
Formentera Platja
Platja de Tramuntana
Es Caló
Torrent des Gats
Fita de Can Ferrer 133
Es Monestir
Can Micalet
Punta des Llancó (o d'En Joan Jai)
Punta des Trips
Punta de la Xindri
Racó de ses Xiquetes
Cap Alt
Can Parra
Es Mal Pas
Reco del Calò
Can Carlos
Coves de s'Arena
La Xindri
Cap de la Mola
Puig Guillem 107
Can Plate
Can Mestre
Punta de l'Aguila
Racó de l'Aguila
La Mola
Sa Talaia 192
El Pilar de la Mola
Via Major
Monument a Jules Verne
Far de la Mola
Punta des Far
Punta de s'Escaleta
Es Copinar
Torrent de sa Costa
Es Plà del Rei
Torrent Fondo
Calo des Mort
Cova des Ram
Cala Codolar
Torrent de sa Tea
S'Aljub des Mestre
S'Estufador
Punta Roja
Andravel
Cap de Barbaria

Wo gibt es was?

Fähnchennummer = Textnummer ⓘ = Auskunft

La Savina ①

Erster und letzter Ort jedes Besuchers, denn einen Flughafen gibt es nicht. Sofort ins Auge springen die sauber aufgereihten Fahrräder. Zwischen Fischerbooten und Jachten sieht man einige weiße Häuser mit Eingängen zu Geschäften, Cafeterias und zwei, drei Pensionen. Bei der alten Salzverladestelle kam eine neue Marina hinzu, die für Formenteras Verhältnisse schon einen fast mondänen Eindruck macht.

Hinter dem Ort liegen die großen **Salzseen**. Der westliche wird ›Fischteich‹ (Estany des Peix) genannt, weil hier früher gesalzener Fisch verladen wurde. Der östliche heißt Estany Pudent, ›Stinkteich‹. Zwar verschwand der Fäulnisgeruch, als der Bischof 1850 einen Kanal zum Meer bauen ließ, doch der Name blieb. Ebenfalls ihre Berechtigung verloren hat die Bezeichnung ›Estany des Flamencs‹, denn Flamingos gibt es hier nur noch äußerst selten zu sehen.

Seit Mitte der 80er Jahre wird kein Salz mehr geerntet. Das Gebiet der **Salinen**, zu dem die beiden Seen, aber auch Dünen, Strände und Pinienwälder gehören, ist heute Naturschutzgebiet. Zu sehen gibt es ein haushohes Schöpfrad, das früher Wasser vom See in die geometrischen Becken beförderte, Zulaufrinnen mit hölzernen Schiebern und die alte Salzmühle, die der Enkel des Müllers jedoch zu einem Restaurant umgebaut hat. Als Sensation galt die Entdeckung des Megalithgrabs *Ca Na Costa* auf der Landzunge am Nordostufer des Estany Pudent in den 70er-Jahren. Eine Kultstätte aus der Zeit von 2000 bis 1600 v. Chr. hatte selbst Ibiza nicht zu bieten. Das Grab besteht aus ringförmig aufgestellten Steinplatten.

Umgebung: Die *Punta de sa Pedrera* (westl. des Estany des Peix) hat ihren Namen von den Steinen, die hier gebrochen und nach Ibiza verschifft wurden. Die terrassenförmigen Felsen, teils glatt wie Tische, sind nach Meinung eines Inselkünstlers ›echte Arbeitskunstwerke und in Wahrheit die wirklichen Baudenkmäler der Insel‹. Auf einer Anhöhe steht nebenan *Can Marroig*, Formenteras einziges 2-stöckiges Landhaus, das lange ein Unterschlupf der Hippies war; 1999 hat die Gemeinde die Finca gekauft und zum Mittelpunkt eines Freizeitgeländes gemacht. Die nördlich vorgelagerte Insel *Espalmador* (3 qkm) ist nur durch einen schmalen Wasserarm, den man bei ruhiger See durchwaten kann, von Formentera getrennt. Sie befindet sich in Privatbesitz, doch die Küstenregion ist für Besucher zugänglich. Nicht den Palmen, die beim Haus des Besitzers stehen, verdankt die Insel ihren Namen, sondern dem Wort ›espalmar‹ (säubern, abdichten): In punischer Zeit sollen Seeleute die Bucht auf der Westseite aufgesucht haben, um ihre Schiffe in Ordnung zu bringen. Heute ist genau diese Bucht Ziel vieler Freizeitskipper.

Veranstaltungen: Am 5. Jan. begrüßen die Kinder die Hl. Drei Könige, die von Ibiza herüberkommen, um anderntags Geschenke zu verteilen. Am 16. Juli, Virgen del Carmen, feiern Fischer ihre Schutzheilige mit Bootsprozessionen und Wettkämpfen.

ⓘ Info-Büro im Hafen, Tel. 971 32 20 57.

Sant Francesc ②

Die Ortschaft wurde 1726 gegründet. Eine Wehrkirche, eine Handvoll Häuser beim Kirchplatz, aus mehr bestand die ›Hauptstadt‹ der Insel bis Mitte des 20. Jh. nicht. Banken, Boutiquen, ein paar Cafés und ein großer Einkaufsmarkt sind hinzugekommen. Das Städtchen wächst, doch verlaufen wird sich niemand.

Sehenswert ist die Wehrkirche aus dem 18. Jh., die lange mit zwei Kanonen bestückt war, um die Bevölkerung bei Piratenangriffen zu schützen. Ein kleines Heimatmuseum (Museu Etnològic, mo–sa 10–13.30 Uhr) zeigt Werkzeuge der Bauern und Fischer, draußen im Innenhof steht die alte Dampflok, die einst die Salzloren in den Salinen zog. Schon im 14. Jh. wurde die unscheinbare Kapelle Sa Tanca Vella gebaut; sie war das erste Gotteshaus der Insel.

Veranstaltungen: 25. Juli Sant Jaume mit ›ball pagès‹ und ›sa cantada‹, alten Rundgesängen; 3. Dez. Sant Francesc; im Sommer Jazz bei der Kirche, sa ab 22 Uhr.

Einkaufen: Eigenständige Mode, entworfen und gefertigt auf der Insel, in der Boutique Bernadette, C/. Isidor Macabich 13.

Umgebung/Strände: *Cala Saona* (5 km westl.) ist eine schöne Bucht, die bei Sonnenuntergang noch malerischer wirkt. Das *Cap de Barbaria* (9 km südl.) ist im letzten Viertel unbewohnt. An der Steilküste, gleich neben dem Leuchtturm, befindet sich der Einstieg zu einer Höhle mit fantastischem Blick aufs Meer. Etwas weiter östlich der Wachturm Torre des Garroveret, drum herum Seevögel, verwilderte Ziegen, Geröll, Rosmarinbüsche und ein unendlicher Himmel – der südlichste Punkt der Balearen.

Sant Ferran de ses Roques ③

Die kleine Ortschaft in der Inselmitte war das Zentrum der Hippiebewegung, genau genommen war es die ›Fonda Pepe‹, deren Ruf bis nach Katmandu und Goa drang. Fast ein Wunder: Sie hat alle Veränderungen überstanden und ist *der* Treffpunkt der Individualisten, immer noch. Um die Ecke bei ›Formentera Guitars‹ können sich Urlauber, unter Anleitung zweier deutscher Musikfans, selbst ihre E-Gitarre bauen. Etwas außerhalb die Tropfsteinhöhle Cova d'en Xeroni, die 1975 bei Brunnenbohrungen entdeckt wurde (tgl. 10–20 Uhr).

Veranstaltungen: 30. Mai: Patronatsfest mit Musik und Tanz auf dem Kirchplatz.

Umgebung/Strand: *Es Pujols* (2 km nördl.) ist längst nicht mehr ›einsam wie am ersten Tag‹, wie Hans Werner Richter, Gründer der Gruppe 47, in den 1950er-Jahren noch behaupten konnte. Damals gab es nur Bootsunterstände, heute ist die Cala das Touristenzentrum der Insel. Hotels, Kneipen, Andenkenläden, das übliche Bild – jedoch, verglichen mit anderen Ferienorten auf den Balearen, in angenehmen Dimensionen.

Nachtleben: Bis weit nach Mitternacht auf dem Vorplatz der Fonda Pepe, danach ziehen die Nachteulen in die Discos ›Tipik‹ und ›Magoo‹, beide in Es Pujols.

Es Caló ④

Ein Dutzend Häuser, zwei gute Fischrestaurants, ein Kramladen und die typischen Holzrampen und Hütten der Fischerboote bestimmen das Ortsbild. Der kleine Naturhafen soll schon von den Römern benutzt worden sein; mit Sicherheit römischen Ursprungs sind die Grundmauern einer Befestigungsanlage, die Anfang der 80er Jahre rund 2 km westl. ausgegraben wurden: *Castellum Romà de Can Pins* (nahe Hauptstr. km 10). Ob auch der Camí Romà, der etwas östlich von Es Caló beginnt, von den Römern angelegt wurde, darüber streiten sich noch die Historiker. Sehenswert ist der Weg, der sich entlang der Küste zur Hochebene La Mola schlängelt, allemal.

Strände/Sport: *Platja de Migjorn*, 6 km Sandstrand an der Südseite der Landenge (Tauchschule im Hotel ›La Mola‹, Platja des Arenals); *Platja de Tramuntana* parallel dazu an der Nordseite, aber steiler und felsiger.

El Pilar de la Mola ⑤

Der Ort hat keinen wirklichen Dorfplatz, und auch die Kirche von 1784 kann man leicht übersehen. Die meisten der ca. 1000 Bewohner des Hochplateaus wohnen in weit verstreuten Fincas. Nur Sonntags kommen Fremde; dann bauen die Söhne und Töchter der Hippiebewegung ihre Stände mit Selbstgefertigtem auf.

Sehenswert: Am Ortsausgang steht eine restaurierte Getreidemühle; von dort geht man immer geradeaus wie auf einer Landebahn bis zur *Punta des Far*, wo die Insel wie abgebrochen wirkt. 100 m über der Brandung wirft ein Leuchtturm von 1861 seine Strahlen in die Dunkelheit. Direkt daneben steht die Gedenktafel für Jules Verne, der Formentera und La Mola in seinem utopischen Roman ›Reise durch das Sonnensystem‹ verewigt hat.

Veranstaltungen: 23./24. Juni Sant Joan mit Abbrennen von Holzfeuern in der kürzesten Nacht des Jahres; am 12. Okt. Fest Nostra Senyora del Pilar.

Einkaufen: Handgefärbte Schafwolle, gestrickte Pullover, Ziegenkäse, getrocknete Feigen in den Geschäften an der Durchgangsstraße; Gold- und Silberschmuck, edles Design und Motive der Insel bei Enric Majoral an der Durchgangsstraße.

Maßstab 1:110.000
0 1 2 3 4 5km

Es stimmt: Auf Menorca trinken manche einen ›Ginet‹, ein kleines Glas Gin, bereits zum Frühstück.

Käse, Gin und dicke Steine: Menorcas Osten

›Minorca‹ heißt ›die Kleinere‹, ›Majorca‹ ›die Größere‹. Menorca, behaupten aber alle, auch die Menorquiner, ist nicht nur kleiner, sondern auch anders und deshalb unvergleichbar. Anders ist das Klima, anders die Landschaft, anders die Geschichte. Zum Beispiel herrschten die Engländer fast ein Jahrhundert und hinterließen grüne Schiebefenster und das Wissen, wie man Gin destilliert. Und sie machten Mahón zur Inselhauptstadt, das als Startpunkt für Spurensucher ideal ist. Außerdem liegen auch die dicksten Steine der balearischen Prähistorie gleich in der Nähe.

△ Mahóns fast sechs Kilometer langer Hafen bietet Schutz für große und kleine Schiffe

Stadttor Port de Sant Roc aus dem 16. Jahrhundert ▽

△ In Mahóns Altstadt: Orgel in der Kirche Santa Maria …

… und Plaça Colón mit Statue der Sängerin Pilar Alonso ▽

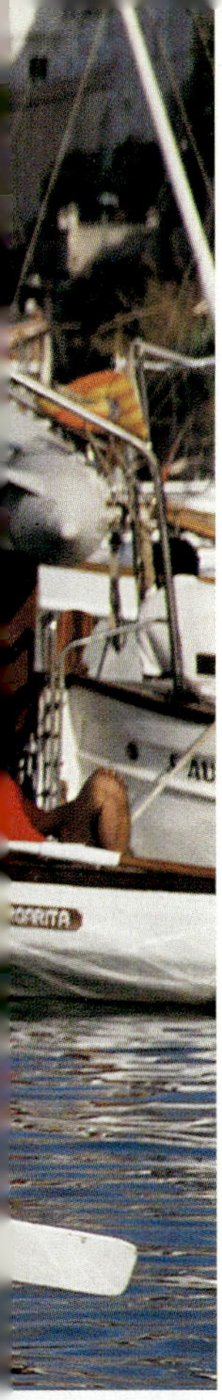

△ Die Hafenpromenade der Hauptstadt … … und etwas oberhalb das Jugendstilhaus Casa Mir ▽

Am stilvollsten ist die Anreise mit dem Schiff. Mahón hat einen der reizvollsten und größten Naturhäfen des Mittelmeeres, mit regelmäßigen Verbindungen zum Festland und nach Mallorca. Doch fast alle Besucher erreichen die Insel mit dem Flugzeug. Auch das hat seine Vorteile: Beim Anflug erhält man einen fabelhaften Überblick. Man sieht die im Norden fjordartig eingeschnittene Küste und zerklüftete Landspitzen, die sich ins Meer schieben. Die Südküste prägen kleine, runde Sandbuchten. Eine breite Straße von Ost nach West teilt die Insel in zwei Hälften. Der Norden, sagt man, sei rau, und der Süden lieblich. Doch diese Einteilung trifft nur auf die Küste zu; das Landesinnere macht aus der Höhe betrachtet den umgekehrten Eindruck: Im Norden ist der Boden grün, fruchtbar, hügelig. Der Süden präsentiert sich flacher, steiniger und in Ockertönen.

Nordwind prägt das Land

Menorca hat kein Gebirge. Die Insel ist ein nur leicht gewelltes Hochplateau, auf dem größere Wälder fehlen. Nur an geschützten Stellen wachsen Obstbäume, Pinien und Steineichen, auf den Brachflächen harte Gräser, Dornbüsche, verwilderte Oliven. Viele Bäume scheinen südwärts gebeugt: Der Tramuntana, ein rauer, aus dem Golfe du Lion wehender Wind drückt sie nieder. Es ist ein eher herber Charme, den diese Insel ausstrahlt.

Und erobern lässt sie sich auch nicht so leicht. Die schönsten Buchten sind nur schwer zu erreichen. Die Felder liegen hinter Steinwällen, und auf den Gehöften werden Fremde nicht gerade mit offenen Armen empfangen. Wer sich kein Auto leihen will, kommt ebenso gut mit einem Motorroller voran. Oder, da es keine größeren Steigungen gibt, per Fahrrad, jedoch sollte es eines von stabiler Bauart sein. Zu den Stränden führen Stichstraßen unterschiedlicher Güte (eine durchgehende Küstenstraße fehlt); je holpriger die Zufahrt, desto einsamer die Bucht. Von einem mittelalterlichen Reitweg in Meeresnähe, dem Camí des Cavalls, den die Franzosen ausgebaut haben, sind noch Teilstrecken erhalten. Der Tou-

Die Mühle, jetzt Museum, ist das Wahrzeichen von Sant Lluís ▽

△ Es Castell: Dieses Spiel stammt von den Franzosen, … … englisch sind die Schiebefenster ▽

△ Bei Es Castell: Hier lebte einst der englische Admiral Collingwood – deshalb der Name Hotel ›Almirante‹

△ Im englischen Stil: Innenräume des Hotels ›Almirante‹

Etwas außerhalb von Mahón liegt das Hipódromo Municipal ▽

rismusplaner Antoni Pedrazo will den Pfad wieder nutzbar machen. Mit dem Camí d'en Kane, benannt nach dem britischen Gouverneur, der ihn bauen ließ, ist das bereits geschehen. Empfehlenswert: die Teilstrecke von Mahón bis Es Mercadal.

Maó oder Mahón?

Doch zuerst zu Mahón, der Hauptstadt – der offiziellen jedenfalls. Denn die heimliche, allgemein als reizvoller angesehene alte Hauptstadt liegt im Westen. Sie heißt Ciutadella, wörtlich ›Städtchen‹, und hat wie Mahón 22 000 Einwohner. Bei Mahón aber befindet sich der Flughafen – deshalb soll die Inselerkundung auch hier beginnen.
Sicher ist, dass Mahón sehr alt ist und dass es ›Ma Og‹ hieß oder ›Magon‹, nach dem karthagischen Feldherrn Mago, dem Bruder Hannibals. Nach einem verlorenen Kampf soll er sich nach Mahón zurückgezogen und dann die Stadt gegründet haben. Zweifel sind jedoch angebracht, denn der sichere Naturhafen wird vor ihm auch den Phöniziern und Griechen bekannt gewesen sein. So oder so, bei den Römern, die den Karthagern nach den Punischen Kriegen folgten, hieß der Ort ›Magona‹.
Und ›Maó‹ nennen ihn die Einheimischen heute in menorquinischem Katalanisch. Anders als auf Ibiza, wo sich die Bezeichnung ›Eivissa‹ für die Hauptstadt durchzusetzen beginnt, ist das spanische Mahón aber noch immer geläufiger und soll daher auch hier verwendet werden.

Historische Sonderwege

Menorca ging in der Geschichte ein paar Mal andere Wege als die Schwesterinseln. Die islamische Herrschaft dauerte hier ein halbes Jahrhundert länger; erst 1287 konnte Alfonso III. die Banner Aragoniens hissen. Dann folgten Katalanen, die Orte wie Alaior, Ferreries und Es Mercadal gründeten, und darauf die Zeit der Piratenüberfälle, die Menorca noch schlimmer trafen als die Nachbarinseln. Der Tag des Überfalls des rotbärtigen Korsaren Cheir-ed-Din, genannt ›Barbarroja‹, im Jahr 1535 hat sich den Bewohnern bis auf den heutigen Tag als ›sa desgràcia‹, das Unheil, ins Bewusstsein gegraben. Die Stadtmauer, von

△ Torre d'en Gaumes bei Alaior: Viel ist über Menorcas prähistorische Denkmäler geschrieben worden

△ Torre d'en Gaumes, die größte Megalith-Anlage

△ Nicht aus der Vorzeit sind die ›barraques‹, die steinernen Viehställe

△ Taula von Torralba d'en Salort bei Alaior

In der Siedlung Son Mercer de Baix bei Ferreries ▽

Trepucó bei Mahón vereint zwei Bauformen: vorn die nur auf Menorca vorkommende Taula, im Hintergrund ein Talaiot ▽

der leider nur das westliche Tor Port de Sant Roc geblieben ist, entstand daraufhin.

Weitaus bedeutender aber wurde das Datum 1708. Im Spanischen Erbfolgekrieg kämpfte Großbritannien in jenem Jahr auf Seiten Habsburgs gegen den französischen Anwärter auf den verwaisten Thron Spaniens, Philipp V. von Anjou. Kurz zuvor hatten dessen Truppen Menorca erobert, und die Briten griffen es an. Sie siegten – das erste Mal 1708 an der Cala d'Alcaufar, endgültig 1713 auf diplomatischem Parkett bei den Friedensverhandlungen von Utrecht – und setzten sich fest. Mit Unterbrechungen blieben sie bis 1802.

Erbe Englands

Die Menorquiner passten sich der fast hundert Jahre währenden Fremdherrschaft, wie das für eine kleine Insel am vernünftigsten ist, gut an. Und sie fuhren nicht schlecht dabei. Der erste britische Gouverneur, Sir Richard Kane, ließ Schulen und Straßen bauen, er verbesserte mit importierten Rasserindern den Viehbestand, verminderte den Einfluss der Kirche und schenkte Mahón jene Turmuhr, die den Bürgern noch heute sagt, was die Zeit geschlagen hat. Er mochte die Menorquiner – und umgekehrt.

Nicht bei allen Nachfolgern Kanes war dies der Fall, doch blicken die Menorquiner insgesamt gesehen gern auf die britische Zeit zurück. Sie hat ihren Charakter geprägt. Ein paar verballhornte englische Wörter haben sich in der Inselmundart gehalten. Hinter ›boínders‹ verstecken sich die ›bow windows‹, jene Erkerfenster, die so typisch für Menorca sind. Und ›fàitim‹ bedeutet nichts anderes als ›fighting‹, verständlich auf einer Insel, die von den Engländern noch zweimal von Frankreich zurückerobert werden musste. Doch auch die friedlicheren britischen Besucher von heute beeinflussen die Umgangssprache: ›Plis‹ im Sinne von ›please‹, bitte, ist ein von jungen Menorquinern gern benutztes Wort.

Die rätselhaften Steine

Eine ganz andere Besonderheit Menorcas sind die mysteriösen Steindenkmäler der Frühzeit, die Taules, Talaiots und Navetes. Tala-

△ Ideales Wanderziel: die Nordküste bei Es Grau

Markant: der Leuchtturm am Cap de Favaritx ▽

△ Handwerk in Alaior: ›Avarques‹ heißen die typischen Riemenschuhe

△ Gut geschützt ist die Bucht von Es Grau

Fornells bietet viele Wassersportmöglichkeiten ▽

iots wie den von Trepucó gibt es auch auf den Nachbarinseln, doch die Taules sind unbestritten eine echte Schöpfung Menorcas. Die an Tische (katalanisch ›taules‹, Einzahl ›taula‹) erinnernde Form gab ihnen den Namen. Auf einem schlanken, bis fünf Meter hohen Stützbein ruht eine tonnenschwere Steinplatte, streng horizontal ausgerichtet und sauber behauen. Über dreißig solcher Steintische gibt es auf Menorca. Meist sind sie von einem hufeisenförmigen Mauerkranz und kleineren Säulen umgeben.

Die symmetrische Anordnung gibt allerlei Rätsel auf. Halfen die Steine, den Lauf der Sterne zu berechnen? Waren sie als verkleinerte Ausgabe von Stonehenge eine Art steinzeitlicher Kalender? Auf einem Archäologenkongress in Deià vertrat der englische Altertumsforscher Michael Hoskin diese Ansicht. Er hatte festgestellt, dass alle Taules nach Süden ausgerichtet sind, genau auf den Punkt, wo im ersten Jahrtausend vor Christus, als die Steine aufgestellt wurden, Sirius stand, der hellste Fixstern am Südhimmel. Eine zweite Theorie sieht in den Taules Opferaltäre, eine dritte in der T-Form ein Symbol für den überall am Mittelmeer verehrten Stier.

Solche Rätsel machen den Reiz der Taulas aus. Und je später der Abend, desto geheimnisvoller. Allein, zu zweit, vielleicht mit dem Mond als Dritten im Bunde, spürt man deutlich die Magie der Steine.

Von der Nachbarinsel gelernt

Menorca, so jedenfalls das Büro für Tourismusinformation, hat die saubersten Strände und klarsten Gewässer der Balearen. Der Blick aus dem Flugzeug bestätigt das: Tief dringen die Sonnenstrahlen ins Wasser, das rund um die Insel je nach Tiefe in allen Farben zwischen Türkis und Ultramarin schimmert. ›Grün-blaue Insel‹ nennt die Werbung Menorca deshalb – ein Titel, der so schlicht ist, wie die Menorquiner gegenüber dem Tourismus zurückhaltend sind. Erst Ende der 1960er-Jahre unternahm man erste zaghafte Schritte in Richtung Fremdenverkehr. Zwar gibt es heute rund 25 000 Fremdenbetten (bei 67 000 Einwohnern), doch sind das immer noch weniger als zehn

△ Am Weg zur Südküste: das Gutshaus Binisafúller bei Sant Lluís

△ Einem Fischerdorf nachempfunden: die Feriensiedlung Binibèquer Vell

Eine Jacht ohne Hubschrauber – wie Urlaub ohne Sonne? ▽

△ Tagsüber Bar, nachts Diskothek: Cova d'en Xoroi bei Cala'n Porter

Son Bou an der Südküste: sauberes Wasser, feiner Sand ▽

Prozent der auf Mallorca vorhandenen Kapazität. Anders als dort kommen weit mehr englische als deutsche Urlauber: 75 Prozent der rund 800 000 ausländischen Touristen sind Briten; die Deutschen stehen mit rund 16 Prozent an zweiter Stelle.
Für die abwartende Haltung der Menorquiner gab es zwei gute Gründe: Zum einen lag mit Mallorca ein warnendes Beispiel vor der Haustür. Zum anderen verfügte die Insel, lange bevor die Tourismuswelle zu rollen begann, über eine gut gemischte Kleinindustrie. Alaior etwa ist bereits seit dem 19. Jahrhundert eine Stadt der Schuhe und hat heute Betriebe, die sich auf dem internationalen Markt mit eigenem Namen behaupten (Torres, Gomila) oder aber Hochwertiges für Pierre Cardin fertigen. Große Bedeutung hat auch die Glitzerbranche: Achtzig Prozent des Modeschmucks aus Spanien werden auf Menorca hergestellt; zur ›Sebime‹, einer halbjährlichen Schmuckmesse, kommen die Einkäufer aus aller Welt.

Käse und Mayonnaise

Ebenfalls in Alaior und seiner Umgebung wird der Mahón-Käse hergestellt, vielfach noch nach alter Art. Die Bäuerinnen schöpfen die quarkartige Masse auf Baumwolltücher; unter einer Holzpresse verlieren die prallen Kugeln einen Teil der Molke und erhalten zugleich ihre typische Quaderform. Eine Salzlösung macht den jungen, ›tierno‹ genannten Käse haltbar. ›Semi curado‹ heißt er, wenn er drei Monate alt ist; dann schmeckt er mild und nussig. Der länger gereifte ›curado‹ ist innen gelblich, hat eine orangefarbene Rinde und würzigen Geschmack.
Da wir beim Kulinarischen sind: Wer hat sie denn nun erfunden, die ›salsa mahonesa‹, die Mayonnaise? Maître Bayona, der Franzose? Oder doch jener Gastwirt aus Mahón, der überraschend den Herzog Richelieu bewirten musste, aber nur kalten Braten vorrätig hatte und auf die Schnelle Olivenöl mit Eigelb verquirlte? Der Streit um die Urheberrechte an der ›dickflüssigen Tunke‹ ging hin und her, bis der spanische Schriftsteller Camilo José Cela den Schlussstrich zog: Mayonnaise gleich Salsa mahonesa – basta! Wer wollte einem Nobelpreisträger widersprechen?

Cap de Cavalleria
Bitlo d'en Cent
Punta d'en Batista
Port de Sanitja
Cala Vida de Llevant
Sa Trona
Santa Teresa
Es Macar Gran
Punta Negra
Na Guillemassa
Cova dels Anglesos
Cova Polida
Cap de Fornells
Torre de Fornells
Sa Talaia
122
Punta Pantiner
Illa d'en Tosqueta
Clot d'es Guix
Platja de Tirant
Fornells
Badia de Fornells
I. Ravells
Platja Gran
S'Albufereta
Es Te Roig
Es Niu de Xorics
Cala Pudent
Arenal de S'Olla
Cap Gros
Cap des Redoble
Punta Codolar
Cala Tirant
Binidonaire
Binidonairet
Son Parc
Arenal d'en Castell
Na Macaret
Cala Molins
S'Illa Petita d'Addaia
S'Illa Gran d'Addaia
Punta Mongofre
Ses Salines
Fita de Sa Bufera
83
Basilica Paleocristiana de Fornells
S'Albufera
Vilanova
Binicreixent
Binisarret
Bellamirada Vella
Son Saura
Hort de Llucatx
Bellavista
Fita de Bellavista
102
Ses Covas Nova
Port d'Addaia
Sibina
Cala Caldes
Macar de sa Roba
Punta Timons
Far de Favaritx
Cap de Favaritx
Sant Juan de Carbonell
69
Llucatx
Barbatx
Montpalau
Son Cerveda
Binigurdo
Sant Diego
Ses Fontanilles
S'Hort des Lleo
Mongofre Nou
Binifabini
Ses Salines
Cala Presili
Platja de Capifort
Es Mercadal
San Martin (1752)
Lanzell
El Toro
357
Santuari de N.S. El Toro
Sa Roca
Son Ladico
Cami de la Mar
Son Tema
Mongofre Vell
Capifort
Fita de Capifort
81
Cala Morella Nou
Cap de Mossènyer Vives
Cala en Cavaller
Sa Falconera
Cabeza de Indio
Sant Carlos
Alcotx
Santa Catalina
Algordent
Santa Rito
Zona prohibida
Morella Vell
Punta de ses Àguiles
Cala de Sa Torreta
S'Aranjassa
Santa Eulària de Dalt
So N'Alzina
Es Puig Mal
220
108
Binillubet
Binixems
Es Clot d'es Guix
Es Capell de Ferro
Sa Torre Blanca
Cap de Mestral
Illa d'en Colom
Cap de Llevant
S'Albaida
Turdonell
Binisequi
Na Pena
Son Gall
Son Puig Gran
Santa Barbara
Ermita de Sant Llorenç
Santa Catalina de Baix
Puig Menor
112
Es Puntarro
Santa Mariana
Es Bou-i-sa-Vaca
Platja Es Grau
Els Illots de Sa Cudia
E. d'en Casola
S'Artiga Vella
Son Planes
Es Bec Nou
136
Turmadén
Santa Creu
Sant Josep de Ses Rambles
Biniguarda
Plans d'Alaior
Binixabo
S'Albufera
Es Grau
S'Albufera
Punta de Sa Galera
Ses Salvatges
Calo de ses Màndries
Ermita de Fàtima
Shangri-La
Es Palmer Vell
Es Planas
Sa Cudia Vella
Alaior
Ermita Santa Eulalia (1680)
Llimpa
S' Albercoc
Sant Nicolau
Fita de Biniac
152
Morell
Son Cardona
S' Esqueller
Estancia de Binillauti
Caleta de Binillanti
En Frare
En Bombarda
Son Blanc Nou
Llucaquelba
Barranc d'en Rellotge
San Diego
Es Borrassos
Llumena Nou
Biniach Nou
Biniarroga Nou
Sant Bernat
Palafanguer
Rafal Vell
Mila
94
Es Pa Gros
Lloc Nou de Mestres
S'Albegai
Binicalssitx
Estancia de Biniac
Alcaidussó
Biniaixa
Algarrova
Cala Mesquida
Punta de sa Bateria Amagada
Llucasaldent
Biniaumes
Santa Ponça
Estancia de Llucasaldent
Binifamis
Son Magnà
Torralba d'en Salort
Taula
Monumento megalitico
Biniafus
Rafal Rubi
Alcaidussel
Naveta de Rafal Rubi Nou
California Lliberto
Golf
Binisermenya
Na Groman
Es Murtar
Santa Cecilia
Torre d'en Gaumés
Taula
Hypostylos
Son Saqui
Binialmaia
Alcaidus
Biniai
Es Clot d'en Mora
Cap Negra
Sant Jaume de Dalt
Llucalari Nou
Basilica Paleocristiana
Torre d'en Gaumés
Binigemor
Son Sanzo
Cofaina
Binifaell
Algendar
Alfavara
Golden Farm
Sant Antoni
Museo
Ermita de San Juan
Cala Llonga
Ses Aguiles
Rincó d'en Banayat
Torrellissa Vell
Talaiot de So Na Cacana
Montple
Talati de D'Alt
Iglesia del Carmen
Es Freu
Sant Llorenç
Son Squella
Hort de Alcaidus
Torralbene Nou
Son Costas
Cotainet
Fornàs de Torrelo
Basilica
Maó (Mahón)
I. del Rei
Es Castell/Villa Carlos
Zona prohibida
Muralles
Fortaleza de Isabel II.
Cap de la Mola
Binisegarra
Sonacasana
110
Cataina des Pou
Son Rotger
Biniadris
Talaiot
Binicalaf
Binixiquer
Binimaimut
Talaiot Torellonet
Talaiot Curnia
Ermita de Gràcia
Sima Bentalla
Horizontes
Santa Ana
Illa d'es Llatzeret
Fita de Torre Nova
75
Sa Torre Nova
Cala'n Porter
Sant Elai
Sant Climent
Llucmaçanes
Trepucó
Taula
Talaiot
Torre del Rei
Castell de San Felipe
Clot de la Mola
Punta de Sant Carles
Cala de Sant Esteve
Cala de Llucalari
Cova de Sant Llorenç
Cala de Sant Llorenç
Regana des Cans
S'Hortela
Cala en Porter
Cova d'en Xoroi
Coves Troglodites
Son Vitamina del Mar
Binixiquer
Cugullo
La Plana
Aeroport de Menorca
Tornalti Cases Velles
Aero club
Na Xenxa d'en Borras
Trebaluger
Sant Llorenç
Binissaida de sa Torre
Torre d'en Penjat
Cades Vin Blanc
Na Girada
Binicalaf Nou
Binicalaf
68
Matxani Gran
Matxani Vell
Biniparrell
Cales Coves
Es Maresos
Na Calenda
Es Canutells
Formet
Binidalinet
Torre Vella
Sant Lluís
Talaiot
Rafalets
Fita de Binissaida
44
Son Vidasa
Cova de ses Atxes
Cala Canutells
Cova de s'Olivarda
Castellet de Forma
Coves de Castellet de F.
Sargossam
Binidali Nou
Biniparraitx Gran
Binissafúller Nou
Binibeca Vell
S'Ullastrar
S'Olivera
Rafalet Nou
Sa Cigonya
Es Niu de Falcons
Cala Rafalet
Es Morro Caigut
S'Espina de s'Ase
Punta Rafalet
L'Amo-i-Madona
Sa Covota Lletja
Cala Binidali
Platja de Binissafúller
Binisafuller de Sa Torre
Torret
Alcaufar
S'Algar
Cala Biniparratx
Binissafúller
Binibèquer Vell
Torret de Baix
Torre de Sargossam
Cala d'Alcaufar
Cala d'Alcaufar
Cap d'en Font
Cap d'en Font
Ses Salinas
Cala de Benissafuller
Poblado de Pescadores
Cala Torret
Punta Prima
Platjes de Punta Prima
Forre de Bamba
Es Morro d'en Xuia
Cala de Biniancolla
Cala de Binibequer
Biniancolla
Punta Prima
Illa de l'Aire
Barcelona
Palma de Mallorca, València

Wo gibt es was?

Fähnchennummer = Textnummer ❶ = Auskunft

Mahón (Maó) ①

Mahón (22 000 Einw.), von den britischen Eroberern 1722 zur Hauptstadt Menorcas ernannt, ist noch immer britisch geprägt: Man sieht grüne Haustüren mit poliertem Messing und Schiebefenster, die senkrecht zu öffnen sind. Eine Treppe mit weißem Geländer schwingt sich vom Hafen durch eine englisch-grüne Parkanlage zur Stadt hinauf, die zwar nicht hauptstädtischen Prunk, doch Angenehmes fürs Auge zu bieten hat.
Sehenswert: Am Park zwischen Hafen und Zentrum die Casa Mir, Mahóns schönstes Jugendstilhaus. Etwas weiter die Església de Santa Maria, deren Prunkstück die Orgel mit 3210 Pfeifen ist (um 1810, Johann Kyburz). Gegenüber das Rathaus (18. Jh.) mit Statuen, Gedenktafeln und der von Gouverneur Kane gestifteten Turmuhr. Die C/. Sant Roc am Ende des Platzes führt zur Port de Sant Roc, einziger Rest der nach Barbarrojas Angriff (1535) errichteten Stadtmauer. Ein Standbild des Eroberers Alfonso III. steht an der Plaça de la Conquesta.
Über die Plaça d'Espanya kommt man zum Claustre del Carme, dem Kreuzgang des ehemaligen Karmeliterklosters, heute Markt für Obst, Gemüse und inseltypische Leckereien, außerdem Standort der Sammlung Hernández Mora (1. Stock, mo–sa 10–13 Uhr) für wertvolle Bücher, Gemälde und alte Landkarten. Stücke aus allen Epochen der Insel zeigt das Museu de Menorca im alten Franziskanerkloster, (di–fr 10–13, 17.30 bis 20, sa/so 10–13 Uhr).
›Es Port‹, den Hafen (bis 1,2 km breit, fast 6 km lang), lernt man am besten bei einer Hafenrundfahrt kennen. Die Boote fahren zunächst an der Hafenpromenade mit ihren vielen Bars, Boutiquen und Restaurants entlang, um dann die vier im Hafen liegenden Inseln zu passieren: Der Glockenturm auf der Illa Pinto und die Ruine eines Militärhospitals auf der Illa del Rei erinnern an die britischen Besatzer. Die kleinste Insel, die Illa Plana, war im Mittelalter Quarantänestation; das Gebäude auf der großen Illa des Llatzaret war ein Seuchenhospital, das mit den Steinen der Festung Sant Felip gebaut wurde, die den Hafen bewachte und 1782 geschleift wurde. Die knapp 100 Jahre später errichtete Bastion La Mola am gegenüberliegenden Ufer wird noch heute vom Militär genutzt.
Veranstaltungen: Musikfestspiele Juli u. Aug.; im Sommer in der Kirche Santa Maria Orgelkonzerte (vormittags); Patronatsfest Verge de Gràcia am 7./8. Sept.
Einkaufen/Märkte: Bücher, Geschenkartikel, Modeschmuck, Schuhe und andere Lederwaren in der Fußgängerzone von der Carrer Hannover bis zur Plaça de s'Esplanada, wo di und sa vorm. Wochenmarkt ist; kulinarische Spezialitäten im Claustro del Carme; Gin Xoriguer und verschiedene Liköre gibt es ab Fabrik im Hafen, Moll de Ponent 91.
Nachtleben: Der schönste Platz, bei einem Kaffee oder Cocktail den Abend zu vertrödeln, ist das Café ›Baixamar‹ am Hafen (Moll de Ponent 17).
Umgebung: Auf der *Golden Farm* auf der Anhöhe jenseits des Hafens soll Lord Nelson seine Geliebte Lady Hamilton empfangen haben; das Anwesen ist ein Beispiel des britischen Kolonialstils. Der Name von *Es Castell* (2 km östl., 5800 Einw.) erinnert an die Festung Sant Felip; dass der Ort (engl. Georgetown, später Villa Carlos) Garnison war, sieht man ihm noch an. Das Gassengewirr um eine Kirche fehlt, stattdessen zweigen schnurgerade Straßen vom Paradeplatz ab. Zum Verweilen laden die Fischerbuchten Cala Corb und Cala Fonts mit Bars und Restaurants.
2 km südl. Mahón steht die 5 m hohe *Taula de Trepucó*, gestützt von einer Schrägsäule. Nicht so leicht zugänglich sind die Siedlungsreste von *Talatí de D'Alt*, etwas abseits der Hauptstraße 3 km Richtung Alaior. Originell in der Feriensiedlung *Cala'n Porter* (13 km westl. an der Küste) ist die in die Steilwand gebaute Höhlendiskothek ›Cova d'en Xoroi‹, benannt nach einem einohrigen maurischen Piraten, der sich der Legende nach mit seiner einheimischen Geliebten hier versteckte. Gleich 90 Höhlen gibt es in den östlich gelegenen, sehr malerischen *Cales Coves* zu bestaunen. Einige der ehemaligen Grabstätten werden von neuzeitlichen Höhlenmenschen bewohnt.
Den strahlend weißen Küstenort *Es Grau* (8 km nördl.) trennt nur ein schmaler Sandstreifen von dem Feuchtgebiet *S'Albufera.* Wiesen, Sümpfe und ein großer See gehören zu diesem Naturschutzgebiet, in dem Reiher, Kraniche, Fischadler, Turmfalken, Enten und Teichhühner nisten und zahlreiche Zugvögel rasten, unter ihnen Flamingos und Störche (insgesamt 150 Vogelarten), dazu Frösche und Wasserschildkröten. Von Es Grau blickt man auf die vorgelagerte *Illa d'en Colom* und bis zum Leuchtturm von Favaritx. Auf dem Weg zum *Cap de Favaritx* (17 km nordwestl. Mahón) wechselt die Landschaft abrupt ihr Gesicht: Statt roter Felsen und grüner Büsche nur noch schiefergrauer Untergrund, dazu in karger Umgebung der wie ein Grenzposten schwarzweiß gestreifte Leuchtturm!
Aktivitäten/Sport: Segeln (Club Marítimo, Moll de Levant 287); Trabrennen (Hipódromo an der Straße nach Sant Lluís); Rundflüge (Real Aeroclub, Tel. 971 36 16 72).
❶ OIT, Plaça de s'Esplanada 40, E-07703 Maó, Tel. 971 36 37 90.

Sant Lluís ②

Die Gemeinde ist Mittelpunkt des fruchtbaren Südostens; in der von Trockenmauern geschützten Ebene wurde früher Wein angebaut, heute Gemüse. Von weitem erkennt man die schneeweiße Kirche und die Molí de Dalt am Ortseingang, eine Getreidemühle von 1762 (heute Museum, mo–fr 10–13, 19–21, sa 10–13 Uhr).
Umgebung: *Binibèquer Vell* (7 km südl.) wirkt wie ein Fischerdorf, ist aber eine Ferienanlage. Manche loben die der Insel angepasste Architektur, für andere ist es eine verspielte Fälschung. *Punta Prima* (8 km südöstl.), touristisches Zentrum im Südosten, ist auch bei Einheimischen beliebt. Etwas nördlich liegen die Ferienkolonien *S'Algar* und *S'Alcaufar;* hübsch sind die in Pastellfarben getünchten Bootsunterstände.
Strände/Sport: Tauchen, Parasailing (Punta Prima, S'Algar); Sandstrände in Binibèquer und Punta Prima, Felsenstrände bei *Binissafúller* und *Caló Blanc* (westl. Binibèquer).

Alaior ③

Die drittgrößte Stadt (7000 Einw.) der Insel ist bekannt für die Herstellung von Schuhen und dem hier in Reifekellern lagernden ›Queso Mahón‹. Die Sehenswürdigkeiten liegen außerhalb: Ganz nahe der ›cementiri‹, ein Friedhof, der mit geschmückten Gräbern, alten Bäumen und himmlischer Stille zum Verweilen einlädt; außerdem der Weg ›Es Cos‹, der Alaior mit dem Friedhof verbindet und im Mittelalter Pferderennbahn war.
Einkaufen: Mahón-Käse ohne Konservierungsstoffe (La Payesa, C/. Maó 64); Schuhe direkt vom Hersteller (Calzados Gomila, C/. Cervantes 46).
Umgebung: Bei *Torralba d'en Salort* (3 km südöstl.) eine eindrucksvolle Taula inmitten einer großen Ausgrabungsstätte (Arbeiten noch nicht abgeschlossen). *Torre d'en Gaumés* (eine Taula, drei Talaiots, Zisternen und Reste von Wohnhäusern; 5 km südl.) ist die größte vorgeschichtliche Siedlung der Balearen. *Son Bou* (7 km südl.) bietet 3 km flachen Sandstrand mit Hotels (nach Westen zu ruhiger); östl. davon die Grundmauern einer frühchristl. Kirche (basilica paleocristiana) mit bemerkenswertem Taufbecken. Die *Ermita de Sant Llorenç de Binixems* (8 km nordöstl.) ist eine der ältesten Pfarrkirchen Menorcas (urspr. 14. Jh.). Am Wochenende nach dem 10. Aug. (St. Laurentius) ziehen die Bewohner von Alaior zu ihr hinaus.
Aktivitäten: Reitausflüge (Picadero Menorca in Alaior an der Straße nach Son Bou).

Fornells ④

Der Ort an der Nordküste lebt vom Fremdenverkehr, von der Brassenzucht und vom Langustenfang; das Langustengericht ›caldereta de langosta‹ aus Fornells ist berühmt. Die tief ins Land reichende Bucht ist für größere Schiffe ungeeignet, für Wassersport aber ideal. Ein hübscher Spaziergang führt von der Dorfmitte zum verwitterten Wehrturm in der Hafeneinfahrt.
Strände/Sport: *Son Parc* (10 km südöstl.) ist eine unter Pinien gelegene Feriensiedlung mit Golfplatz (9 Löcher) und dem Sandstrand Arenal d'en Castell.

Maßstab 1:110.000

Für zwei Tage stehen die Pferde im Mittelpunkt: Begrüßungsritual bei der Festa de Sant Joan in Ciutadella.

Menorcas Westen – vornehm auf Distanz

Schon der Name sagt es: Ciutat heißt Stadt – alles übrige war eben Land, und bis ins 18. Jahrhundert blieb der Anspruch Ciutadellas, Hauptstadt der Insel zu sein, auch unangetastet. Nur die Briten ließen die Stadt im Westen einfach links liegen und machten 1722 Mahón zum Verwaltungssitz. So wurde Ciutadella Provinz. Die katholische Geistlichkeit büßte ihre Vormachtstellung ein, der Adel zog sich hinter die Mauern seiner Landgüter zurück. Und jetzt kommen die Touristen, um die historischen Gemäuer zu besichtigen. Sie sind willkommen – wenn sie Distanz respektieren.

△ Der beste Verkaufsplatz: vor der Kathedrale von Ciutadella

△ Auf maurischen Grundmauern: Kathedrale …

△ … und Rathaus von Ciutadella

Perfekter Rastplatz: die Restaurants vor Stadtmauer und Rathaus ▽

In der Altstadt ▽

Direkt am Hafen von Ciutadella liegen einige der besten Restaurants. Vom Boot kommt der Fisch fangfrisch in die Küche ▽

Den Eindruck vornehmer Zurückgezogenheit macht Ciutadella noch heute. Die Gassen in der Altstadt mit ihren abgetretenen Pflastersteinen sind eng und schattig, die Gebäude ockerfarben und von ernster Strenge. Doch es gibt viele Details, die der Stadt Reiz verleihen. Und Kontraste, die überraschen: Hinter historischen Fassaden sieht man einen Schuster bei der Arbeit. Im Patio eines Herrenhauses steht eine Hobelbank. Aus einem Kirchenportal tönt kein frommer Gesang, sondern Applaus – in dem ehemaligen Gotteshaus wird gerade ein Konzert gegeben.

Nur mehr welken Charme strahlen die Stadtpaläste aus – die Herrschaft hält sich anderswo auf. Für kostspielige Restaurationen fehlt es an Geld oder Interesse. Nur wenige Häuser sind so gut erhalten wie die honiggelbe Casa Squela des Marqués de Menas Alba, der seinen Palacio mit Chippendale-Möbeln ausstattete. Dafür haben andere Paläste vielleicht Fassaden, die Geschichten erzählen: Den Palacio Torre Saura schmückt ein steinernes Gesicht, dessen Augen verhüllt sind, weil der gräfliche Hausherr, der mit dem Nachbarn von gegenüber im Streit liegt, weder weichen will noch kann. Durch das verschleierte Gesicht über seiner Pforte drückt der Conde aus, dass sein Nachbar für ihn nicht mehr vorhanden ist.

Polizeimützen in der Zitadelle

Unübersehbar ist das maurische Erbe der Stadt, ob bei den weiß getünchten Bogengängen von Ses Voltes oder an der Plaça des Born. Nicht nur die Kathedrale steht, wie man das auch aus Palma de Mallorca oder Eivissa kennt, auf arabischen Grundmauern, sondern auch das Rathaus. In hohen Räumen, die sich auf schlanke Säulen stützen, arbeitet hier die Polizei. Fast ist man versucht, einen Vorwand zu erfinden, um ihre Dienste in Anspruch zu nehmen – so könnte man beim Warten alles in Ruhe betrachten. Die Sammlung von Polizeimützen aus aller Welt zum Beispiel: Auf die sind die Polizisten so stolz wie auf die wertvollen Gemälde in den Diensträumen.

Das Teatre des Born liegt schräg gegenüber. Doch die längeren Schlan-

△ Höhepunkte der Festa de Sant Joan sind das Ringstechen … … und die ausgelassene Haselnuss-Schlacht ▽

△ Besonders begeistert sind die Zuschauer …

△ … jeden Alters …

… vom ›jaleo‹, dem berühmten ›Tanz‹ der Pferde ▽

gen bilden sich sonntags vor dem Bäckerladen im Adelspalast nebenan. Die Croissants und Kuchen, die in den früheren Räumen der Dienerschaft gebacken werden, sind die besten der Stadt.

Unheil kam immer vom Meer

In der Mitte der Plaça des Born erinnert ein Obelisk an eine der finstersten Stunden in der Geschichte der Stadt: 1558 überfiel der türkische Seeräuber Mustafá Piali Ciutadella, das sich mutig, aber erfolglos verteidigte. Die Angreifer nahmen die Stadt und ließen keinen Stein auf dem anderen. Die Bewohner wurden niedergemetzelt oder als Sklaven verschleppt. Es dauerte Jahrhunderte, bis sich die Stadt erholte. Verzögert auch dadurch, dass immer wieder Schwärme von Riesenheuschrecken einfielen, die Weingärten und Kornfelder kahl fraßen. Unheil, wie könnte es auf einer Insel anders sein, kam immer von der See. Waren es nicht Piraten oder Heuschrecken, dann trieb der Sturm eine Flutwelle in das enge Hafenbecken und zerstörte Boote und Befestigungen.
Von der Stadtmauer an der Plaça des Born hat man einen guten Blick auf den Hafen, auf Jachten, Fischerboote, Restaurants. Und auf ein schlankes Gebäude, das mit seiner rostroten, englischen Fassade ein Fremdkörper zwischen den weißen und sandfarbenen Häusern ist. Auf die Frage nach dem Erbauer erhält man ein Schulterzucken. ›Engländer? Nein, glaube ich nicht.‹ Ciutadella ist nun mal nicht Mahón.

Tanzende Pferde …

Es gibt einen besseren Weg, ins Gespräch zu kommen: durch Fragen, die mit der Festa de Sant Joan im Juni zu tun haben, denn die werden mit Begeisterung beantwortet. Da das Ritual dieses Reiterfestes zu Ehren Johannes des Täufers für Fremde schwer zu durchschauen ist, sollte man sich allerdings mit ein paar Fachausdrücken wappen.
Mit dem ›fabioler‹, dem Flötenspieler, der das Fest am Wochenende vor dem Johannistag eröffnet, beginnt es. Er begleitet einen Bauern, der den ganzen Tag über in der Stadt unterwegs ist, um die Bevölkerung einzuladen, zuerst den Bürgermeister, da-

△ In der Cala Santandria: Tauchexkursion

△ Ziel der Reiter am Johannistag: Sant Joan de Missa bei Ciutadella

△ Der ganze Stolz seines Züchters: Menorca-Pferde

An Ciutadellas Hafeneinfahrt: Admiral Farragut ▽

Steinernes Schiff aus der Vorzeit: die Naveta des Tudons bei Ciutadella ▽

nach den Bischof und schließlich die Familien. Während der ganzen Zeit trägt er einen Schafbock auf den Schultern – ›diumenge des be‹, Hammelsonntag, heißt dieser Tag deshalb, ›homo des be‹ der Mann, der den Bock trägt.
Der 23. Juni, der erste Tag der eigentlichen Festa, beginnt mit dem Einzug der Reiter, der ›caixers‹, auf ihren rassigen Menorca-Pferden um die Mittagszeit. Ein ›fabioler‹ auf einem Esel führt den Zug an, und bald sind an die zweihundert Reiter in der Stadt. Mal galoppieren sie durch die Straßen, mal zwingen sie ihre Pferde auf die Hinterhand, drängen durch die Menge, sprengen in Innenhöfe, steigen sogar Treppen hoch. Je wilder das Spiel, desto tosender der Beifall der Zuschauer. Höhepunkt ist der ›jaleo‹, der Tanz der Pferde: Mit Rufen und Klatschen bringt man die Tiere zum Aufbäumen, möglichst noch zum Drehen um die eigene Achse. Tanzen sollen sie – jaleo! – Pferd und Reiter. Und die Zuschauer.

… und fliegende Nüsse

Dann folgt die Haselnussschlacht. Seit Wochen schon sind die Schaufenster voll davon, und nun bewegen sich alle über einen Teppich von Nüssen, die jeder jedem zuwirft. Musik spielt dazu. Bier, Wein und ›pomada‹ – Gin mit Limonade – fließen in Strömen. Am Ende preschen die Reiter zur Stadt hinaus, zur Einsiedelei Sant Joan de Missa, um dort zu beten. Nur zu diesem Zweck öffnet das Kirchlein einmal im Jahr seine Pforte. Danach geht es zurück in die Stadt, um zu feiern bis zum frühen Morgen, wenn man sich auf der Plaça d'Alfons III trifft, um ›die Sonne tanzen zu sehen‹ …
Doch noch ist die Festa nicht zu Ende. Am nächsten Tag findet das große mittelalterliche Reiterturnier im Pla de Sant Joan statt, dem sandigen Ausläufer des Hafenbeckens. Die Reiter messen sich im Ringstechen und versuchen sich zu umarmen – im gestreckten Galopp! In den Terrassen zu beiden Seiten, wo früher der Adel seine Gärten hatte, sind die begehrten Logenplätze. Wer einen ergattert, ist selig. Doch Glück hat auch schon derjenige, der den Hexenkessel der Festa ohne Hautabschürfungen übersteht.

△ Einsam und vom Wind umtost steht der Leuchtturm an Menorcas nördlichstem Punkt, dem Cap de Cavalleria. In der schmalen Bucht davor …

△ … finden nur wenige Boote Platz

An der Cala Pregonda ▽

△ Fincas wie diese findet man in La Vall

Binimel-la: Wo bleibt der Strandservice? ▽

Schiff aus Stein

Wie bei Mahón, so gibt es auch in der Umgebung von Ciutadella eine ganze Reihe prähistorischer Monumente. Auch hier ist Menorca ein großes Freilichtmuseum der Vorgeschichte, und auch hier stehen die Steinsetzungen teils versteckt hinter verwilderten Oliven und Brombeerhecken. Man muss Mauern und Kuhweiden überqueren – und fühlt sich wie ein Entdecker.

Eines der bekanntesten Monumente, die Naveta des Tudons, ist bequemer zu besichtigen: Es steht fünf Kilometer östlich von Ciutadella dicht an der Asphaltstraße. Entsprechend gut wird das Denkmal besucht; wer es in Ruhe auf sich wirken lassen möchte, sollte den Platz früh morgens oder nach Einbruch der Dämmerung aufsuchen. Wenn die Verkehrsgeräusche verstummt sind und der Wind wieder zu hören ist, wenn Farben und Konturen verwischen, ist die richtige Stunde. Dann scheint das aus groben Kalksteinblöcken gefügte Bauwerk, das einem umgestülpten Kahn ähnelt und deshalb ›Naveta‹, Schiffchen, heißt, tatsächlich in der flachen Landschaft zu treiben. Rund 3500 Jahre alt ist es – eines der ältesten Gebäude Europas. Ursprünglich war es wohl das Gemeinschaftsgrab einer Herrschersippe, später auch Unterkunft für Lebende. Man kann durch eine Öffnung ins Innere kriechen, das aus zwei übereinander liegenden Kammern besteht.

Auffällig ist, dass an der Front des ansonsten gut erhaltenen Bauwerks einer der großen Steinblöcke fehlt. Zwei Riesen, sagt man, buhlten hier um die Liebe eines Mädchens. Der eine wollte ein Haus, der andere einen Brunnen bauen. Wer zuerst fertig würde, so die Abmachung, der sollte das Mädchen zur Frau bekommen. Der erste war gerade dabei, den Schlussstein für das Dach des Hauses zu holen, da rief der zweite, dass er bereits auf Wasser gestoßen sei. Voller Wut schleuderte der erste den Schlussstein in den Brunnen und tötete so seinen Rivalen.

Privatwege zum Strand

Nordöstlich von Ciutadella erstreckt sich, grün und abgeschieden, die Landschaft La Vall. Die Wege führen durch unverfälschtes Bau-

△ Ruhiger Ankerplatz an der Südküste: Cala des Talaier

Cala Galdana: Hier begann es mit dem Tourismus ▽

△ Auch vor Son Saura liegen Jachten vor Anker

△ Cap d'Artrutx: Von hier sind es 30 Seemeilen bis Mallorca

Bei Ferreries: Barranc d'Algendar ▽

ernland, und die meisten enden an einem Gehöft. Einige Bauern, die dem Forscherdrang der Fremden vorgreifen wollen, haben Schilder angebracht mit Aufschriften wie ›Hier geht's zu keinem Strand‹. Das stimmte nicht, und als entdeckungsfreudige Touristen herausfanden, dass es doch irgendwann zu einem Strand geht, stellten die Landbesitzer Wachposten auf.

So verständlich der Wunsch nach Ruhe ist, fest steht gleichwohl: Das spanische Recht gestattet freien Zugang zum Meer, sofern es keinen anderen Weg gibt, auch über privaten Grund und Boden. Mal lassen die Eigentümer Besucher durch, mal verlangen sie Gebühren. Selbstverständlich ist: Wer Tore und Gatter öffnet, muss sie auch wieder schließen! Immer möglich, wenn auch beschwerlich ist der Fußweg entlang der Küste. Belohnt wird man für die Mühen mit herrlich einsamen Buchten.

Steinmauern und Holzgatter

Und ganz bestimmt führt der Weg über weite Strecken an den fast über die ganze Insel gezogenen Trockensteinmauern vorbei. Die Gesamtlänge der ›parets seques‹, wie man diese typisch menorquinischen Mauern nennt, wird auf 15 000 Kilometer geschätzt. Sie machen aus der Landschaft einen Flickenteppich aus kleinen Parzellen, den so genannten ›tanques‹, auf denen Kühe weiden, Gemüse, Mais oder Kartoffeln angebaut werden. Sie schützen das Land vor Erosion, sind Grenzmarkierungen und Viehzäune. Alle sind überaus sorgfältig geschichtet; manchmal sind auch ›botadors‹, Trittstufen, eingelassen, um das Übersteigen zu erleichtern. Das alles hält traditionell ohne Mörtel, auch wenn heute häufig eine Zementkappe auf die Mauerkrone gesetzt und weiß getüncht wird – aus ästhetischen Gründen. Regelmäßig werden sie geflickt, teils sogar noch erweitert. Der Berufsstand der ›paredadores‹, der Mauerbauer, ist auf Menorca angesehen. Seltener wird dagegen der Beruf des ›arader‹, der die ›barreres‹ herstellt, die aus armdicken Olivenholzästen gefertigten Gatter.

Hinter ihnen grasen Schafe, die berühmten Menorca-Pferde oder braune und schwarzbunte Kühe – rund

△ Großes Geschick erforderlich: Mauerbau ohne Mörtel

Die alte Tracht steht auch den jungen Mädchen ▽

△ Die typischen Gatter, ›barreres‹, sind aus Olivenholz

△ Briefkasten in Ferreries

Drei von rund 30 000 auf Menorca ▽

Weit geht der Blick übers Land: Bei Es Mercadal liegt der höchste Berg Menorcas, der Monte Torro ▽

30 000 gibt es davon auf der Insel –, und am Ende des Wegs steht unübersehbar auf einer Anhöhe das ›lloc‹, das große menorquinische Bauernhaus. Meist ist es gekalkt, und manche dieser Gehöfte haben durchaus etwas Königliches. Oft sind sie ein paar Jahrhunderte alt und haben allen Tramuntana-Stürmen, die vor allem hier im Norden mit Wucht über die Insel fegen, standgehalten.

Nebentür in ein Paradies

Weniger bekannt sind die ›barrancos‹. Rund drei Dutzend dieser schmalen Schluchten durchziehen die Hochebene im südlichen Teil; sie beginnen im Landesinneren und enden an der Küste.

Der eindrucksvollste ist der Barranco von Algendar südlich von Ferreries. Von der sonnenüberfluteten Ebene geht es in ein schattiges, feuchtwarmes Tal. Aus Felsspalten rinnt Quellwasser, vereinigt sich zu einem Bach. Das Laub der Bäume und Sträucher ist dunkelgrün und üppig. Auf Orchideen sitzen Schmetterlinge, Bienen summen. Vogelgezwitscher, sonst ist es still. Steile, bis zu achtzig Meter hohen Felswände schützen dieses Paradies; sie halten den rauen Wind und die brennende Sonne fern. Früher wurde hier auch Obst angebaut, doch die Bäume – Zitronen-, Orangen-, Mandel-, Kirsch- und Apfelbäume – sind verwildert, die Pfade zugewachsen. Die obere Schluchthälfte ist kahl. Überall gibt es Höhlen; die größte Grotte, die Cova Murada, befindet sich auf halbem Weg zum Meer. Einem Ziegenhirten soll dort regelmäßig eine weiße Fee erschienen sein – normal Sterbliche werden allenfalls Fledermäuse und Tropfsteine sehen.

Wer sich durch die ganze, rund acht Kilometer lange Strecke kämpft, wird schließlich jäh in die Wirklichkeit zurückgeholt: Am Ende der Schlucht stehen die Hotels der Cala Galdana. Die muschelförmige Bucht mit ihrem tintenblauen Wasser und weißen Sand war einmal einer der schönsten Plätze Menorcas, wenn nicht der Balearen. Schönheit ist zerbrechlich – ein paar Hotelklötze genügten. Nur die grünen Hänge, die Kiefern und eine Bachmündung erinnern noch daran: Wenige Schritte von hier liegt der Eingang zu einem Paradies.

Illa de Menorca
Ciutadella
Es Mercadal
Ferreries
Fornells
Alaior
Cala Morell
Cala Blanca
Cala Galdana
Cala Turqueta
Tamarinda
Platja Bosch
Sant Tomàs
Sant Jaume Mediterrani
Es Migjorn Gran
Cap de Cavalleria
Cap d'Artrutx
Cap Gros
Es Delfins
Cala Blanes
Cala Forcat
Son N'Oleo
Cala de Santandria
Cala Tirant
Santa Barbara
Falconera
205
Puig de S'Enclusa
275
El Toro
357
Santuari de N.S. El Toro
Naveta des Tudons
Cabeza de Indio
Taula Hypostylos
Basilica Paleocristiana
Coves
Alcúdia (Mallorca)
92
721
723

Wo gibt es was?

Fähnchennummer = Textnummer ⓘ = Auskunft

Ciutadella ①

›Unerwartet spanisch-maurisch‹ nannte der amerikanische Konsul Roy Baker die ehemalige Metropole (ca. 22 000 Einw.) in den 20er Jahren. Die Altstadt bewahrt noch den Charme von einst; mit ihren Cafés, Geschäften und hübschen Plätzen hat sie ideale Größe für einen ziellosen Bummel. Gegen Abend verlagert sich das Treiben zum Hafen, wo die vielen Restaurants liegen.

Sehenswert: Immer belebt ist die Plaça des Born über dem Hafen. An ihrer Westseite steht das Rathaus (19. Jh.) mit gotischem Sitzungssaal, gegenüber die Herrenhäuser Torre Saura (vis-à-vis die verschleierte Büste), Salort (mo–sa 10–14 Uhr) und Vivó mit englischen Schiebefenstern. Auf der Nordseite das Teatre Municipal des Born (1990 restauriert), daneben das alte Café des Künstlervereins ›Cercle Artistic‹. Auffälligstes Gebäude an der Südseite ist die Kirche Sant Francesc (17. Jh. und früher).

Östlich von hier steht die gotische Kathedrale, Menorcas bedeutendste Kirche (spätes 13./14. Jh., klassizist. Hauptportal 1814). Vom Bischofspalast nebenan ist nur der Garten zu besichtigen. Für Kulturveranstaltungen wird, gleich um die Ecke, die ehem. Kirche del Roser genutzt (schönes Barockportal). Zwei Straßen weiter steht die Markthalle (Mercat) aus dem 18. Jh. Von hier geht man über die Plaça Nova mit ihren Straßencafés und durch die arkadengesäumte Gasse Ses Voltes zur Plaça Vella, wo die Hammelstatue ›Estàtua des Be‹ an das Sant-Joan-Fest erinnert. Das Stadtmuseum (Museu Municipal; di–sa 10–14 Uhr) mit Funden aus punischer, römischer und maurischer Zeit liegt am Nordrand der Altstadt (Bastió de sa Font). An der Hafeneinfahrt im Westen der Stadt steht des Castell de Sant Nicolau (17. Jh.; mo–fr 16–22, sa 11–13 Uhr); am Platz davor eine Statue des US-Admirals David Farragut (1801–70), dessen Familie aus Ciutadella stammte.

Veranstaltung: Die Festa de Sant Joan am 23./24. Juni ist das größte Fest der Insel; Höhepunkt sind die Reiterspiele am 2. Tag. Rechtzeitig Zimmer reservieren!

Einkaufen: Mode aus handbemalter Seide bei Idò, C/. Santíssim 5; süße und würzige Kleinigkeiten in den Konfiserien Can Moll (C/. Roser 1) od. Casa Coll (C/. de Maó 8).

Nachtleben: Disco ›Lateral‹ am Hafen; Bar ›El Mosquito‹ mit Salsa und kubanischer Musik (Sa Muradeta 16).

Umgebung: Menorcas bekanntester prähistorischer Bau, die *Naveta des Tudons*, steht nahe der Hauptstraße nach Mahón (knapp 5 km östl.); das ›Schiffchen‹ hat sozusagen zwei ›Decks‹ und kann vom Besucher durch eine schmale Öffnung betreten werden. *Torre Trencada* (8 km südöstl., nahe dem ›Camí Vell‹ nach Mahón) ist eine gut erhaltene, knapp 3 m hohe Taula mit Steinkreis und Talaiot sowie mehreren Höhlen. An der Landspitze *Punta Nati* (6 km nördl.) steht am Ende eines steinigen Wegs ein Leuchtturm. Wen die karge Umgebung reizt, kann längs der Steilküste zur schmalen *Cala es Pous* (Brunnenbucht) oder weiter zur größeren *Cala es Morts* (Totenbucht) gehen, wo Anfang des 20. Jh. ein Schiff mit 151 Passagieren zerschellte.

Strände: *Cala Morell* (8 km nordöstl.), Feriensiedlung für gehobene Ansprüche, liegt in einer gut geschützten Bucht mit kleinem Sandstrand und Ankerplätzen für Jachten. Knapp westlich interessante Höhlen (›Coves prehistóriques‹), die vor 3000 Jahren als Gräber oder Wohnstätten dienten. Der Weg zu den Stränden von *Algayarens* (ca. 8 km östl. Cala Morell) führt durch die Hügellandschaft ›La Vall‹. Das Gebiet ist Privatbesitz; der Eigentümer lässt nur eine begrenzte Anzahl von Besuchern zu den Parkplätzen der ansonsten unberührten Strände, zu denen Dünen, kleine Riffe und Feuchtgebiete zählen.

Cala Blanca (4 km südl. Ciutadella) ist weitläufig und gepflegt, bietet aber nur den üblichen Komfort. Gleiches gilt für *Cala'n Bosch*, 9 km weiter am *Cap d'Artrutx*, dem südwestlichsten Punkt der Insel. Der Weg zum Kap lohnt sich, wenn man bei Dunkelheit den Leuchtturm oder bei klarer Sicht Mallorca sehen will. Die ringförmigen Pyramiden auf den umliegenden Feldern sind keine Konstruktionen aus der Vorzeit, sondern Viehställe.

Son Saura (8 km östl. des Cap d'Artrutx) ist eine schöne große Doppelbucht, in der aber oft Seegras angeschwemmt wird. Am Weg dahin liegt *Son Catlar*, eine der größten vorgeschichtlichen Siedlungen Menorcas; die letzten Kilometer führen über Privatgelände. Die Nachbarbucht *Cala des Talaier* (mit altem Wachturm) wird weniger besucht als die östlich gelegene *Cala Turqueta*, die mit Parkplatz und Pinienwald aufwartet. Dahinter folgt die *Cala Macarella* (mit Strandbar); wer sich nahtlos bräunen will, geht weiter zur *Cala Macarelleta.*

Sport/Aktivitäten: Segeln (Club Náutico de Ciutadella, Camí de Baix); Reiten (Picadero Son Tomás, Ciutadella, Camí Vell), Tauchen (Cala Santandria); Trabrennen (Hipódromo Torre del Ram, Urb. Cala'n Blanes).

ⓘ OIT, Plaça Catedral, E-07760 Ciutadella, Tel. 971 38 26 93.

Ferreries ②

Der Ort (3900 Einw.) in der Mitte der Insel ist auf den ersten Blick wenig einladend. Ansehnlich ist aber die Kirche Sant Bartomeu (17./18. Jh.), hübsch das Hügelland ringsum. Auf die Naturschätze der Insel macht das Museu de la Natura aufmerksam, u.a. anhand von Filmvorführungen und gelegentlichen Vorträgen (C/. Mallorca 2, di–so 10–13, 18–21 Uhr).

Umgebung: 4 km südöstl. liegen die rund 4000 Jahre alten Siedlungsreste *Son Mercer de Baix* (Schotterweg ab der Straße nach Es Migjorn). In der Mitte des prähistorischen Dorfs steht ein von Steinsäulen getragenes Hausdach.

Strände/Aktivitäten: Mit der Bebauung der *Cala Galdana* (10 km südl.) begann auf Menorca in den 70er Jahren der Tourismus. Wer den Betrieb im Schatten der Hotels nicht mag, sucht die benachbarten Buchten auf – oder die zauberhafte Schlucht *Barranc d'Algendar*. Eiligen reicht ein kurzer Einstieg in die Schlucht von der Seeseite her; spannender sind aber die Wanderungen vom Landesinneren aus. Die ganze Schlucht zu durchwandern, ist wegen der dichten Vegetation kaum möglich und aus Respekt vor der Natur und den Eigentümern nicht ratsam. Führungen unter deutscher Leitung: Tel. 971 15 40 30.

Es Mercadal ③

Es Mercadal, ›der Markt‹, ist blitzblank. Die weiß getünchten Häuser leuchten von weitem, darüber die Flügel einer Windmühle, die zu einem Restaurant umgebaut wurde. Der propere Ort (2600 Einw.) ist für seine exzellenten Speiselokale berühmt: Das ›Recó des Molí‹ in der Mühle, das ›Ca'n Aguedet‹ an der Hauptstraße und das ›Ca'n Olga‹, das versteckt im Zentrum liegt, offerieren menorquinische Spezialitäten. Interessant ist die ›Aljub‹ genannte riesige Zisterne, die unter Gouverneur Kane gebaut wurde und noch heute benutzt wird.

Veranstaltung: Patronatsfest Sant Martí (3. Juli-Wochenende) mit Umzug von Riesenpuppen und Reitervorführungen ähnlich denen der Festa de Sant Joan in Ciutadella.

Einkaufen: Gebäck, z. B. ›amargos‹ (Mandelmakronen) u. ›carquinyols‹ (Zimtplätzchen) bei Ca's Sucrer, sa Plaça 1.

Umgebung: Auf dem *Monte Toro*, der mit 357 m höchsten Erhebung der Insel, steht eine riesige Christusstatue. Bereits im 13. Jh. soll dort eine Wallfahrtskirche gestanden haben, deren Nachfolgebau aus dem 16. Jh. ein Bild der ›Jungfrau vom Berg‹ birgt, das bis heute das Ziel von Pilgern ist. Von dem Antennenwald sollte man sich nicht stören lassen, der Ausblick über die Insel ist einmalig.

Cap de Cavalleria (12 km nördl.) ist der nördlichste Punkt der Balearen. Zufahrt über Landstraßen und Holperwege, vorbei an Gehöften, Weiden und vielen Holzgattern. Die schmale Halbinsel steigt wie eine Schanze zur Steilküste an; hart an der 90 m hohen Klippe steht ein Leuchtturm. Westlich die Naturstrände von *Ferragut* und *Binimella* und die Sandbucht *Cala Pregonda.*

Es Migjorn Gran (7 km südl. Mercadal) ist beliebt als Ausgangspunkt für Wanderungen; auf halbem Weg zur Südküste liegt die Höhle Cova des Coloms.

Sport/Aktivitäten: Reitausflüge (Es Boeret, Urb. Sant Tomás); von *Sant Tomás* Wanderung (30 Min.) zum Strand von *Binigaus* und unbebauten Nachbarbuchten.

Maßstab 1:110.000 (0 1 2 3 4 5 km)

Touristik-Informationen

Adressen

Spanisches Fremdenverkehrsamt, Kurfürstendamm 180, 10707 Berlin, Tel. 030/882 6543, Fax 8826661; Grafenberger Allee 100, 40237 Düsseldorf, Tel. 0211/680 3981, Fax 6803985; Myliusstr. 14, 60323 Frankfurt/M., Tel. 069/725033, Fax 7253 13; Schubertstr. 10, 80336 München, Tel. 089/53074611, Fax 5328680.

Internet: Zu allen Inseln gibt es gute Tipps bei ww.balearics.com, zu den einzelnen Inseln u.a. bei ibiza-online.com, formentera.net oder menorca-online.de.

Anreise

Linienflüge sind stets mit einem Aufenthalt in Barcelona verbunden. Am einfachsten ist deshalb die Anreise per Charterflug. Nach Ibiza fliegen die Chartergesellschaften von allen größeren deutschen Flughäfen, in der Saison sogar mehrmals die Woche; deutlich weniger wird Menorca angeflogen. Formentera-Reisende buchen Ibiza und nehmen ab dem Hafen von Eivissa eine Fähre; die Überfahrt nach Formentera dauert ca. 30 Min. Wer mit dem eigenen Auto anreist, fährt bis Barcelona und setzt von dort nach Ibiza bzw. Menorca (Mahón) über (Fahrtzeit 9–10 Std.). 3–4 Std. ist die Fähre von Valencia oder Dénia nach Eivissa (oder Sant Antoni) unterwegs, dafür ist die Anfahrt entsprechend länger.

Autofahren

Leihwagen gibt es an den Flughäfen und in allen Touristenorten. Die Verkehrsregeln entsprechen weitgehend denen in Deutschland (u.a. Anschnallpflicht, Promillegrenze 0,5). Empfindlich sind die Strafen für falsches Parken; gelbe Randstreifen bedeuten Halteverbot, in blau markierten Zonen muss ein Parkschein gelöst werden.

Berichte und Literatur

Kurznachrichten und Tipps sendet ›Radio Popular de Ibiza‹ (mo–fr 20–21 Uhr auf UKW 97,2), Neues von Ibiza berichten die Tageszeitung ›Diario de Ibiza‹ (do deutsche Seiten) und das Monatsmagazin ›Insel‹.
Literarisch stimmt Niklaus Schmid, Autor dieses Reiseführers, mit dem Kriminalroman ›Der Hundeknochen‹ (Grafit Verlag) auf eine Reise nach Formentera ein.

Camping

Auf Ibiza gibt es drei gut ausgestattete Campingplätze, alle in Strandnähe, auf Menorca zwei an der Südküste. Auskünfte in den Touristenbüros (s. Wo-gibt-es-was-Seiten). Formentera hat keinen Campingplatz. Wildes Zelten ist auf allen Inseln verboten.

Essen und Trinken

Neben der allgegenwärtigen ›internationalen Küche‹ gibt es noch (und wieder vermehrt) die authentischen Rezepte. Typisch für Ibiza und Formentera ist der aus Fleisch und Gemüse bestehende Eintopf ›sofrit pagès‹. Spezialitäten sind u.a. Lamm aus dem Ofen, die schwarze Paella und Rochenragout mit Mandelsoße ›borrida de rajada‹. Einfach und gut ist ›pa amb óli›, geröstetes Brot mit Tomate und Öl. Auf Formentera sollte man unbedingt getrocknete Feigen und den schmackhaften Ziegenkäse probieren, am besten mit Honig.
Auf Menorca werden im Unterschied zu den Pityusen häufig Milchprodukte verwendet; eine Besonderheit ist auch die Kombination von Fleisch mit Meeresfrüchten. Über die Inselgrenzen hinaus ist das Langustengericht ›caldereta de langosta‹ bekannt. Auch die ›Salsa Mahonesa‹, die Soße aus Mahón, soll als Mayonnaise von hier aus ihren Siegeszug um die Welt angetreten haben. Das pityusische Gegenstück, die Weihnachtssoße ›Salsa de Nadal‹ aus Fleischbrühe, Mandeln, Honig und Safran, ist weniger bekannt. Probieren sollte man auch die ›coca‹, einen mit Gemüse oder Knorpelfisch belegten Kuchen, oder den mit Pfefferminzblättern gewürzten Käsekuchen ›flaó‹. Der Wein von Ibiza und Formentera, nach alter Art gekeltert, ist nicht jedermanns Sache. Um so beliebter sind Kräuterschnäpse (›hierbas‹), der bittersüße Aperitif ›Palo‹, der Thymianlikör ›Frígola‹ und auf Menorca der Gin. Ausgezeichnet ist der Kaffee, man muss nur wissen, wie man ihn will: klein, stark und schwarz (›café solo‹), verlängert (›café americano‹), klein, mit etwas Milch (›cortado‹), mit aufgeschäumter Milch (›café con leche‹) oder mit einem Schuss Cognac (›carajillo‹). Wer dazu eine der mit Puderzucker bestreuten, luftigen Hefeschnecken bestellt (›ensaimadas‹), hat den Inselgeschmack schon auf der Zunge.

Vitamine, frisch vom Markt: Obst und Gemüse kauft man am besten in der Markthalle in der Altstadt von Eivissa.

Feste und Feiertage

Jede Ortschaft hat ihr eigenes Patronatsfest, das mit Umzügen, traditioneller Musik und Tänzen gefeiert wird. Hervorzuheben sind die Festzüge der Karwoche (Semana Santa) in Eivissa und die Festes de Sant Joan in Ciutadella/Menorca am 23. Juni. Virgen del Carmen wird in allen Fischerorten am 16. Juli, Sant Jaume, das bedeutendste Fest auf Formentera, am 25. Juli gefeiert; die Festes de la Terra finden in Eivissa vom 5. bis 8. August statt.
Gesetzliche Feiertage sind: 1. Jan., 6. Jan. (Hl. Drei Könige), 1. Mai, 15. Aug. (Mariä Himmelfahrt), 12. Okt. (Tag der Entdeckung Amerikas), 1. Nov. (Allerheiligen), 6. Dez. (Verfassungstag) 8. Dez. (Mariä Empfängnis), 25./26. Dez. (Weihnachten).

Geld

Der Wechselkurs der spanischen Peseta ist seit Einführung des Euro (Zahlungsmittel auch in Spanien ab 2002) festgelegt, doch verlangen die Geldinstitute nun eine Bearbeitungsgebühr von 3 Prozent.
Die meisten Banken und Sparkassen (mo bis fr 9–14 Uhr) verfügen über Automaten (Scheckkarte plus Geheimzahl) für Bargeld rund um die Uhr. Reiseschecks (max. 25 000 Ptas.) und gängige Kreditkarten wie Eurocard und Visa werden fast überall akzeptiert.

weiter auf Seite 112

Reisedaten Balearen

Flug von Deutschland	Inlandsverkehr	Reisepapiere	Devisen	Mietwagen	Benzin	Hotel	Pension	Menü	Einfaches Essen	Ortszeit	Tipp
Charter je nach Saison ab ca. 200 Euro	Bus vom Flughafen Ibiza nach Eivissa ca. 0,75 Euro	Personalausweis	1 Euro = 166 Ptas 100 Ptas = 0,60 Euro	ab 35 Euro pro Tag (unbegrenzte Kilometer, Versicherung)	1 Liter Super bleifrei ca. 0,80 Euro	Gehobene Kategorie DZ ab 110, Mittelklasse ab 65 Euro	ab ca. 35 Euro pro Tag und Person	ab 15 Euro ohne Getränke	Mittagsmenü ab 7,50 Euro inkl. Tischwein	MEZ	Last-minute Ibiza hin und zurück ab 140 Euro

Ausgewählte Hotels und Restaurants

HOTELS

Auf Ibiza

****** El Corsario**
C/. Ponent 5, Dalt Vila
Eivissa
Tel. 971 30 12 48, Fax 971 39 19 53
Traditionsreiches Haus in der Oberstadt; in einem der 14 Zimmer hat schon Erroll Flynn geschlafen

****** Montesol**
Passeig de Vara de Rey 2
Eivissa
Tel. 971 31 01 61, Fax 971 31 06 02
Ibizas bekanntestes Hotel, mit 55 Zimmern und einer Terrasse, die das ganze Jahr über der Treffpunkt der Stadt ist

****** Royal Plaza**
C/. Pere Francès 27
Eivissa
Tel. 971 31 00 00, Fax 971 31 40 95
Modern, mit allem Komfort, mitten im neuen Teil der Stadt; 117 Zimmer

**** Hostal Parque**
Miquel Caietà Soler
Eivissa
Tel. 971 30 13 58, kein Fax
Kleine Stadtpension, zentral und doch ruhig an einem neu gestalteten Platz gelegen; die Zimmer im obersten Stockwerk sind die besten

****** Stella Maris**
Cala Grassiò
Sant Antoni
Tel. 971 340600, Fax 971 342423
Etwas außerhalb der Stadt gelegene Clubanlage. 295 Zimmer, Minigolf, Kinderspielplatz

****** Pikes**
Camí de Sa Vorera
Bei Sant Antoni
Tel. 971 34 22 22, Fax 971 34 23 12
Exklusives Finca-Hotel; jedes der 24 Zimmer ist individuell geschnitten und eingerichtet

******* Hacienda Na Xamen**
Cala Na Xamena
Bei Sant Miquel
Tel. 971 33 45 00, Fax 971 33 45 14
Einsamer Luxus an Ibizas Nordküste; das Haus mit seinen 53 Zimmern und 10 Suiten darf sich mit fünf Sternen schmücken

****** San Marino**
C/. Ricardo Curtoys Gotarredona 1
Santa Eulària
Tel. 971 33 03 16, Fax 971 33 90 76
Das Vier-Sterne-Hotel, 44 Suiten, liegt mitten in der Stadt, bis zum Strand sind es nur 100 m

Auf Formentera

**** Sa Volta**
Es Pujols
Tel. 971 32 81 25, Fax 971 32 82 28
Das 1999 vollständig renovierte Hostal liegt mitten im Touristenort, hat 22 Zimmer und ein Schwimmbecken im vierten Stock

**** Bellavista**
La Savina (Hafen)
Tel. 971 32 22 36, Fax 971 32 22 55
Hostal mit Restaurant und schönem Blick auf die Fischerboote, Fähren und Jachten

****** Clubhotel La Mola**
Platja de Migjorn
Platja Arenals
Tel. und Fax 971 32 70 00
Dieses am Südstrand gelegene Vier-Sterne-Haus bietet Komfort und Sportmöglichkeiten u. a. Tennisplätze und Tauchschule. 347 Zimmer, 66 Bungalows

**** Las Dunas Playa**
Platja de Migjorn
Tel. 971 328041, Fax 971 32 80 52
Die Bungalows der Ferienanlage liegen zwischen Dünen und Pinien am Küstenabschnitt Arenals

**** Illes Pitiüses**
Sant Ferran
An der Hauptstraße
Tel. 971 32 81 89, Fax 971 32 80 17
Gepflegtes Hostal im Zentrum der Insel; 26 Zimmer, ruhig sind die der Straße abgewandten Räume

Auf Menorca

**** Ciutadella**
C/. Sant Eloi 10
Ciutadella
Tel./ Fax 971 38 34 62
Kleines, mitten in der Altstadt gelegenes Zwei-Sterne-Hotel

***** Patricia**
Camí de Sant Nicolau 90
Ciutadella
Tel. 971 38 55 11, Fax 971 48 11 20
Das Haus mit der hübschen Front liegt in der schönsten Allee der Stadt. 44 Zimmer, 4 Junior-Suiten

****** Sant Ignasi**
Ctra. Cala Morell
3 km außerhalb von Ciutadella
Tel. 971 38 55 75, Fax 971 48 05 37
Die 20 Zimmer befinden sich in einem Herrenhaus aus dem 18. Jahrhundert

**** Jeni, Mercadal**
Mirada del Toro 81
Es Mercadal
Tel. 971 37 50 59, Fax 971 37 51 14
Familiäre Pension in der Inselmitte, guter Ausgangspunkt für Wanderungen

****** Port Mahón**
Av. Fort de L'Au s/n
Mahón
Tel. 971 36 26 00, Fax 971 35 10 50
Das schönste Hotel der Stadt, großzügige Zimmer, eindrucksvoller Blick auf die Hafenbucht

**** Almirante**
Ctra. Mahón–Es Castell
etwas außerhalb von Mahón
Tel. 971 36 27 00, Fax 971 36 27 04
Britischer Kolonialstil, ein Haus voll mit Gemälden und antiken Gegenständen; 39 Zimmer

Preiskategorien

*****	ab 170 Euro
****	ab 110 Euro
***	ab 65 Euro
**	ab 40 Euro
*	ab 25 Euro

Zwei Sterne bedeuten Standard, drei Sterne stehen für gehobenen Komfort, vier für Häuser mit luxuriöser Ausstattung oder viel Tradition, mit fünf Sternen darf sich auf den drei Inseln nur ein Hotel schmücken.

RESTAURANTS

Auf Ibiza

Alfredo
Passeig de Vara de Rey 16
Eivissa
Tel. und Fax 971 311274
Traditionslokal, ibizenkische Küche

La Oliva
C/. Santa Cruz 2, Dalt Vila
Eivissa
Tel. 971 30 57 52
Fleisch und Fisch (Goldbrasse im Salzmantel) bei Ursula und René

La Brasa
C/. Pere Sala 3
Eivissa
Tel. 971 30 12 02, Fax 971 39 81 01
Katalanische Küche, schöner Garten und Grill

El Pato
Ctra. Sant Miquel, 5 km außerhalb von Eivissa
Tel. und Fax 971 19 13 40
Finca-Restaurant unter deutscher Leitung, mediterrane Küche, kleine, aber ausgewählte Speisenkarte. Reservierung empfohlen

Sa Capella
Ctra. Can Germa
Sant Antoni (0,5 km außerhalb)
Tel. 971 34 00 57
Spanisch-ibizenkische Gerichte, serviert in einer ehemaligen Kapelle

Can Gall
Ctra. Sant Joan
Sant Joan, bei km 11,6
Tel. 971 32 50 55
Finca-Restaurant unter deutscher Leitung

Rincón de Pepe
C/. Sant Vicent 53
Santa Eulària
Tel. 971 33 13 21
Große Auswahl an Tapas

Can Costa
Santa Gertrudis
in der Dorfmitte
Tel. 971 19 70 21
Die Kneipe mit den leckersten Schinkenbrötchen (bocadillos con jamón) und bemerkenswerten Gemälden an den Wänden

Auf Formentera

Fonda Pepe
Neben der Kirche in Sant Ferran
Tel. 971 32 80 33
Die legendäre Gaststätte aus der Hippiezeit

Fonda Rafalet
Es Caló de Sant Agustí
Tel. 971 32 70 77
Frisch gefangener Fisch am kleinen Naturhafen von Es Caló

Es Mirador
Zwischen Es Caló und La Mola
an der Hauptstraße
Tel. 971 32 70 37
Kleine Gerichte oder auch nur eine Erfrischung – und dann den Ausblick auf den flachen Teil der Insel genießen

Pequeña Isla
Hauptstraße in El Pilar de la Mola
Tel. 971 32 70 68
Gute einheimische Küche. Tipp: die schwarze Paella

Auf Menorca

La Guitarra
C/. Nostra Senyora dels Dolors 1
Ciutadella
Tel. 971 38 13 55
Traditionsgerichte in einem rustikalen Kellerlokal nahe der Kathedrale

Ca n'Olga
Pont de na Macarrana
Es Mercadal
Tel. 971 37 54 59
Schöner Garten, gutes Essen; Reservierung empfohlen

S'Engolidor
C/. Major 3
Es Migjorn Gran
Tel. 971 37 01 93
Eines der besten Speiselokale der Insel, sehr persönliche Küche

Es Cranc
C/. Escoles 29
Fornells
Tel. 971 37 64 42
Bekannt für die ›caldereta de langosta‹; teuer, aber gut

La Tropical
C/. Lluna 36
Mahón
Tel. 971 36 05 56
Menorquinische Spitzenküche zu moderaten Preisen, beliebt bei den Einheimischen

Minerva
Moll de Llevant 87
Mahón
Tel. 971 35 19 95
Muscheln und Fischgerichte, im Sommer wird auch auf der im Hafenwasser schwimmenden Terrasse serviert

Sant Lluís
Sant Lluís
an der Durchgangsstraße
Täglich frische Tapas, einfach und gut

Stand: Juni 2000

Touristik-Informationen

Gesundheit

Die Behandlung in den staatlichen Krankenhäusern ist bei Vorlage des Versicherungsscheins E 111 kostenfrei, privatärztliche Rechnungen werden nur teilweise erstattet. In dringenden Fällen hilft der medizinische Notdienst (Tel. 061; allgemeiner Notruf 112, Auskunft auch auf deutsch). Deutschsprachige Ärzte: Dr. Klaus Diller, Santa Eulària, Ibiza, Tel. 971 33 06 70; Dr. Walter Boehres, Cala Comte, Ibiza, Tel. 971 34 60 60: Dr. Günter Hohmann (Zahnarzt), Formentera, Tel. 971 32 28 05. Apotheken (farmacias; Symbol grünes Kreuz auf weißem Grund) sind 9–13 und 16–20 Uhr geöffnet (sa nur vorm.). Die aktuellen Notdienste entnehme man der Lokalzeitung.

Kinder

Badespaß an flachen Sandstränden versprechen alle Inseln. Darüber hinaus kann Ibiza den Kleinen zwei Gokartbahnen, Ausflüge mit so genannten Mini-Trens und den Wasserpark ›Aguamar‹ bieten. Formentera ist für Fahrradausflüge wie geschaffen; Leihräder mit Kindersitz oder Kinderfahrräder gibt es an vielen Stellen. Menorca hält mit Ausritten auf Eseln, Kutschfahrten und einer Pferdeschau dagegen. Ein echtes Spektakel für die Kleinen ist das Dreikönigsfest, an dem die einheimischen Kinder ihre Geschenke erhalten. Doch leider liegt dieses Ereignis außerhalb der Saison.

Ländlicher Tourismus

Das Angebot an Unterkünften in Bauernhäusern ist nicht groß. Auskünfte und Prospekte gibt es für die gesamten Balearen bei Associació Agroturisme, Tel. (0034) 971 32 28 05, Fax 971 71 73 17, E-Mail agroturismo@mallorcanet.com.

Natur und Umwelt

Rund ein Drittel der Pityusen ist geschütztes Gebiet, bei Menorca fast die Hälfte. Letztere hat auf diesem Gebiet eine Vorreiterrolle übernommen: 1993 erklärte die Unesco die Insel zum ›Biosphärenreservat‹ und Modellfall im Miteinander von Mensch und Natur. Auf Ibiza und Formentera sind u. a. die im Mittelmeerraum einmaligen Salinen samt Dünen und Salzseen Naturpark. Unter besonderem Schutz steht ein 500 m breiter Küstenstreifen, der nicht bebaut werden darf. Jahr für Jahr werden weit über ein Dutzend Strände mit der blauen Europaflagge ausgezeichnet.

Öffentliche Verkehrsmittel

Gut sind die Busverbindungen auf Menorca zwischen Mahón und Ciutadella, auf Ibiza zwischen der Hauptstadt und den Hauptorten sowie den bekannten Stränden. Die Busfahrt auf Formentera vom Hafen über Sant Francesc und Sant Ferran nach El Pilar kommt einer Inselrundfahrt schon sehr nahe. Die Preise sind niedrig. Recht schwierig ist es auf Menorca, zu den Badeorten an der Küste zu gelangen. An Sonn- und Feiertagen ist man oft auf das Taxi angewiesen; zwischen den Orten gelten feste Preise.

Eine schöne Abwechslung vom Badespaß: Ausritte ins Grüne sind besonders auf der Pferdeinsel Menorca ein Vergnügen.

Öffnungszeiten

Post und Banken sind nur vormittags geöffnet, meist 8.30–14 Uhr, sa 9–13 Uhr. Die Geschäfte sind in der Regel von 9 bis 14 Uhr und nach der Siesta von 17 bis mindestens 20 Uhr geöffnet, in Feriengebieten oft auch weit darüber hinaus.

Post und Telefon

Briefmarken kauft man meist mit den Postkarten im Geschäft. Telefonate ins Ausland haben die internationale Vorwahl (Deutschland 0049, Österreich 0043, Schweiz 0041), dann die Ortsvorwahl ohne 0, dann die Rufnummer des Teilnehmers. Von Deutschland nach Spanien: 0034 (Spanien), 971 (Balearen), 6-stellige Teilnehmernummer. **Wichtig:** Auch innerhalb der Region ist (außer bei Servicenummern) die 971 immer vorzuwählen, und wenn es nur von Haus zu Haus geht. Öffentliche Telefone funktionieren mit Münzen oder Karten, erhältlich im Tabaksladen oder bei der Post. Die nationale Auskunft ist 1003, die internationale Auskunft 025.

Souvenirs

Von den Hippiemärkten auf Ibiza und Formentera ist eigentlich nur noch der Name geblieben, gleichwohl kann man dort noch ausgefallene Mitbringsel finden. Gleiches gilt für die vielen, zum Teil witzigen Boutiquen auf beiden Inseln. Menorca ist bekannt für Modeschmuck und Lederartikel sowie den Mahón-Käse, den man direkt beim Erzeuger kaufen kann.

Sport

Golf auf Ibiza (Roca Llisa) und Menorca (Son Parc). **Radfahren** auf Formentera, wo es Leihräder an allen Ecken gibt, und auf asphaltierten Nebenstraßen auf Menorca, wo in einigen Hotelanlagen Mieträder stehen; Ibiza hat auf diesem Gebiet wenig zu bieten. **Reitställe** gibt es auf allen drei Inseln, doch am meisten Spaß machen Ausritte auf Menorca. Viele Möglichkeiten, ebenfalls auf allen Inseln, finden **Segler** und **Surfer** vor (auch Ausbildung zu Segel- oder Surfscheinen), klares Wasser erwartet die **Taucher** (einige Tauchschulen unterrichten auch auf Deutsch).

Für **Wanderer** ist Formentera ideal: einfach loslaufen – oder einem der grün markierten Wanderwege folgen. Auf Ibiza beginnt die schönste Route in Sant Josep, von dort auf Nebenwegen zur Cala d'Hort. Ein Erlebnis ist eine Wanderung durch eine der Schluchten auf Menorca.

Sprache

Nach jahrzehntelanger Unterdrückung in der Franco-Zeit ist Katalanisch (Català) neben Spanisch (Castellano) gleichberechtigte Amtssprache. Auf den Inseln hat Català, das Anklänge an das Französische aufweist, aber auch arabische Elemente enthält, zudem seine Besonderheiten. Auf Menorca sprechen die Alteingesessenen Menorquí, auf Ibiza Eivissenc und auf Formentera Pagès – was nach Bauernsprache klingt, aber auch, ganz selbstbewusst, soviel wie ›von hier‹ bedeutet.

Wetterdaten

Ibiza	Tages-temp. max.	Nacht-temp. min.	Wasser-temp.	Tage mit Nieder-schlag	Sonnen-stunden pro Tag
Januar	16°	8°	14°	5	5
Februar	16°	8°	13°	5	6
März	17°	9°	14°	6	7
April	19°	11°	15°	6	8
Mai	22°	14°	17°	4	9
Juni	26°	18°	21°	2	10
Juli	29°	21°	24°	0	11
August	29°	22°	25°	2	10
September	27°	20°	24°	4	8
Oktober	23°	16°	21°	7	7
November	19°	12°	18°	6	6
Dezember	16°	9°	15°	7	4

Durchschnittswerte Quelle: Deutscher Wetterdienst, Hamburg

Register

(**Fett gedruckte** Ziffern verweisen auf die Karten, unterstrichene Ziffern auf Abbildungen)

IBIZA
Balàfia 47, 51 (Sant Joan de Labritja)
Cala Bassa 56, 57, 65 (Sant Antoni de Portmany)
Cala Benirràs 38/39, 46/47, 51 (Sant Miquel de Balansat)
Cala Boix 43, 51 (Sant Carles de Peralta)
Cala Carbó 65 (Cala Vadella)
Cala Comte 57, 65 (Sant Antoni de Portmany)
Cala d'Aubarca 59
Cala d'Hort 52/53, 61, 63, 65 (Cala Vadella), 112
Cala de Sant Vicent 51 (Sant Vicent de sa Cala)
Cala del Jonc 51 (Sant Vicent de sa Cala)
Cala des Jondal 65 (Sant Josep de sa Talaia)
Cala Grassió 56/57, 65 (Sant Antoni de Portmany)
Cala Llenya 43, 51 (Santa Eulària des Riu)
Cala Llonga 39, 43, 51 (Santa Eulària des Riu)
Cala Mastella 43, 51 (Sant Carles de Peralta)
Cala Pada 42/43, 51 (Santa Eulària des Riu)
Cala Pou des Lleó 43, 44/45
Cala Salada 65 (Sant Antoni de Portmany)
Cala Tarida 65 (Sant Antoni de Portmany)
Cala Vadella 62, **64**, 65
Cala Xarraca 51 (Sant Joan de Labritja)
Cap Blanc 56, 65 (Sant Antoni de Portmany)
Cap Nunó 59, 65 (Sant Antoni de Portmany)
Cova de Can Marça 51 (Sant Miquel de Balansat)
Cova de Santa Agnès 65 (Sant Antoni de Portmany)
Cova de ses Fontanelles 57, 65 (Sant Antoni de Portmany)
Cova d'es Cuieram 45, 51 (Sant Vicent de sa Cala)
Cova Santa 65 (Sant Josep de sa Talaia)
Eivissa (Ibiza-Stadt) 10/11, 11, 20, 22/23, 24/25, 25, 26/27, 27, 28/29, 29, 30/31, 31, 32/33, 33, 34/35, 35, **36**, 37, 110, 111, 112
- Altstadt (Unterstadt) 22/23, 24, 26/27, 29, 30/31, 31, 33, **36**, 37
- Archäologisches Museum 35, **36**, 37
- Busbahnhof **36**, 37
- Carrer de la Verge 30, 31, **36**, 37
- Dalt Vila (Oberstadt) 32/33, 33, **36**, 37
- Eixample s. Neustadt
- Es Botafoc **36**, 37
- Gemüsemarkt (Mercat Vell) **36**, 37
- Hafen (La Marina) 24/25, **36**, 37
- Kastell 33, 35, **36**, 37
- Kathedrale Santa Maria de las Nieves 32, 35, **36**, 37
- Korsarendenkmal **36**, 37
- Museu d'Art Contemporani 37 (Oberstadt)
- Museu Monogràfic **36**, 37
- Neustadt (Eixample) **36**, 37
- Neuer Markt **36**, 37
- Oberstadt s. Dalt Vila
- Passeig de Vara de Rey 27, 29, **36**, 37
- Plaça de Vila **36**, 37
- Platja de Talamanca 35, **36**, 37
- Platja d'en Bossa 8/9, 29, 34/35, 35, **36**, 37
- Portal de ses Taules 32, **36**, 37
- Puig des Molins **36**, 37
- Rathaus **36**, 37
- Sa Penya 24, 29, 33, **36**, 37
- Sant Bernat **36**, 37
- Sant Ciriac **36**, 37
- Sant Elm **36**, 37
- Sant Jordi de ses Salines 35, **36**, 37
- Santo Domingo 35, 37 (Oberstadt)
- Ses Figueretes 34, 35, **36**, 37
- Teatro Pereira 28, 29, **36**, 37
Es Canyar 3, 42/43, 51 (Santa Eulària des Riu)
Es Cubells 65 (Sant Josep de sa Talaia)
Es Figueral 51 (Sant Carles de Peralta)
Es Vedrà (Insel) 52/53, 61, 63, 65 (Cala Vadella), 68
Ibiza-Stadt s. Eivissa
Jesús 43, 51 (Santa Eulària des Riu)
Las Dalias 43, 45, 51 (Sant Carles de Peralta)
Na Xamena 47, 51 (Sant Miquel de Balansat)
Platja des Codolar 61, 65 (Sant Josep de sa Talaia)
Platja des Figueral 51 (Sant Vicent de sa Cala)
Port de Sant Miquel 51 (Sant Miquel de Balansat)
Portinatx 39, 46/47, 51 (Sant Joan de Labritja)
Portitxol 59
Punta Arabí 3, 43, 51 (Santa Eulària des Riu)
Punta de sa Torre 57
Punta den Valls 43
Punta Sa Galera 65 (Sant Antoni de Portmany)
Roca Llisa 51 (Santa Eulària des Riu), 63, 112
S'Aigua Blanca 45, 51 (Sant Carles de Peralta)
Sa Caleta 65 (Sant Josep de sa Talaia)
Sa Canal 63
Sa Conillera (Insel) 57, 65 (Sant Antoni de Portmany)
Sa Talaiassa 62/63, 65 (Sant Josep de sa Talaia)
Sant Agustí 62, 65 (Sant Josep de sa Talaia)
Sant Antoni de Portmany 53, 54/55, 55, 56, **64**, 65
Sant Carles de Peralta 43, 44, 45, 47, **50**, 51
Sant Joan de Labritja **50**, 51
Sant Josep de sa Talaia 20, 59, 63, **64**, 65, 112
Sant Llorenç 48/49, 51 (Sant Joan de Labritja)
Sant Mateu d'Aubarca 58, 59, 65 (Sant Antoni de Portmany)
Sant Miquel de Balansat 46/47, 47, **50**, 51
Sant Rafel de Forca 60, **64**, 65
Sant Vicent de sa Cala 44/45, **50**, 51
Santa Agnès de Corona 57, 58/59, 65 (Sant Antoni de Portmany)
Santa Eulària des Riu 39, 40, 41, 41, **50**, 51
Santa Gertrudis de Fruitera 59, 59, 60/61, 61, 65 (Sant Rafel de Forca)
Ses Salines 35, 37 (Sant Jordi de ses Salines), 63
Tagomago (Insel) 43, 44/45, 51 (Sant Carles de Peralta)
Vedranell (Insel) 61, 65 (Cala Vadella)

FORMENTERA
Ca Na Costa 79 (La Savina)
Cala Saona 79 (Sant Francesc)
Can Marroig 79 (La Savina)
Cap de Barbaria 77, 79 (Sant Francesc)
Castellum Romà de Can Pins 79 (Es Caló)
Es Caló 71, 71, **78**, 79
El Pilar de la Mola 74/75, 76/77, **78**, 79, 112
Es Pujols 71, 79 (Sant Ferran)
Espalmador (Insel) 79 (La Savina)
Estany des Peix 77 (La Savina)
Estany Pudent 79 (La Savina)
Far de la Mola 18/19, 75 (La Mola)
Fonda Pepe 79 (Sant Ferran)
La Mola 19, 21, 73, 74/75, 75, 79 (El Pilar de la Mola)
La Savina 68, 71, **78**, 79
Llevant 6/7, 71
Platja de Migjorn 71, 73, 77, 79 (Es Caló)
Platja de Tramuntana 79 (Es Caló)
Punta de sa Pedrera 79 (La Savina)
Punta des Far 79 (El Pilar de la Mola)
Sant Ferran de ses Roques 72/73, 77, **78**, 79, 112
Sant Francesc 69, 70/71, **78**, 79, 112
Ses Illetes 6/7, 68/69, 71
Torre de Garroveret 79 (Sant Francesc)
Trucadors 6/7, 7, 71

MENORCA
Alaior 85, 88, 91, **92**, 93
Algaiarens 109 (Ciutadella)
Barranc d'Algendar 104/105, 107, 109 (Ferreries)
Binibèquer Vell 90, 93 (Sant Lluís)
Binimel·la 103, 109 (Es Mercadal)
Binissafúller 90, 93 (Sant Lluís)
Cala Blanca 109 (Ciutadella)
Cala des Talaier 104/105, 109 (Ciutadella)
Cala es Morts 109 (Ciutadella)
Cala es Pous 109 (Ciutadella)
Cala Font 93 (Mahón)
Cala Galdana 104, 107, 109 (Ferreries)
Cala Macarella 109 (Ciutadella)
Cala Morell 109 (Ciutadella)
Cala'n Bosch 109 (Ciutadella)
Cala'n Porter 90/91, 93 (Mahón)
Cala Turqueta 109 (Ciutadella)
Cala Pregonda 102/103, 109 (Es Mercadal)
Caló Blanc 93 (Sant Lluís)
Cap d'Artrutx 105, 109 (Ciutadella)
Cap de Cavalleria 102, 109 (Es Mercadal)
Cap de Favaritx 88/89, 93 (Mahón)
Castell de Sant Nicolau 109 (Ciutadella)
Ciutadella 1, 85, 94/95, 95, 96/97, 97, 98/99, 99, 100, **108**, 109, 112
Cova d'en Xoroi 90/91
Cova des Coloms 109 (Es Mercadal)
Cova Murada 107
Ermita de Sant Llorenç de Binixems 93 (Alaior)
Es Castell 84/85, 93 (Mahón)
Es Grau 88/89, 93 (Mahón)
Es Mercadal 85, 106/107, **108**, 109
Es Migjorn Gran 109 (Es Mercadal)
Església de Santa Maria 93 (Mahón)
Estàtua des Be 109 (Ciutadella)
Ferreries 16/17, 85, 104/105, 106, **108**, 109
Festa de Sant Joan 98/99, 99, 100, 109 (Ciutadella)
Fornells 88/89, **92**, 93
Golden Farm 93 (Mahón)
Illa d'en Colom 93 (Mahón)
La Vall 103, 103, 105, 109 (Ciutadella)
Mahón 80/81, 81, 82/83, 83, **92**, 93, 110
Maó s. Mahón
Molí de Dalt 93 (Sant Lluís)
Monte Toro 106/107, 109 (Es Mercadal)
Naveta des Tudons 101, 103, 109 (Ciutadella)
Platja de Binigaus 109 (Es Mercadal)
Platja de Ferragut 109 (Es Mercadal)
Port de Sant Roc 82/83, 93 (Mahón)
Punta Nati 109 (Ciutadella)
Punta Prima 93 (Sant Lluís)
S'Albufera 93 (Mahón)
S'Algar 93 (Sant Lluís)
S'Alcaufar 87, 93 (Sant Lluís)
Sant Felip 93 (Mahón)
Sant Francesc 109 (Ciutadella)
Sant Joan de Missa 100/101, 101 (Ciutadella)
Sant Lluís 84, 90, **92**, 93
Sant Tomás 109 (Es Mercadal)
Ses Voltes 97 (Ciutadella)
Son Bou 90/91, 93 (Alaior)
Son Catlar 109 (Ciutadella)
Son Mercer de Baix 100, 109 (Ferreries)
Son Parc 93 (Fornells), 112
Son Saura 104/105, 109 (Ciutadella)
Talatí de D'Alt 93 (Mahón)
Taula de Trepucó s. Trepucó
Torralba d'en Salort 12/13, 86, 93 (Alaior)
Torre d'en Gaumés 86/87, 93 (Alaior)
Torre Trencada 109 (Ciutadella)
Trepucó 86/87 89, 93 (Mahón)

Zeichenerklärung Karten

Autoatlas

Vier- oder mehrspurige Straße - in Bau
Wichtige Hauptstraße - in Bau
Hauptstraße - in Bau
Nebenstraße - in Bau
Sonstige Straßen, nur bedingt befahrbar
Fahrweg - Fußweg
Entfernungen an Straßen in km — 39 4,5
Autofähre
Flughafen
Boots- und Yachthafen
Ankerplatz mit Versorgung/ohne Versorgung

Sehenswürdigkeiten

Besonders sehenswerter Ort — EIVISSA (IBIZA)
Besonders sehenswertes Bauwerk — Necrópolis Fenicia
Sehenswerter Ort — Maó (Mahón)
Besondere Natursehenswürdigkeit — Talati de D'Alt
Sonstige Sehenswürdigkeit — ✶ Talaiot de Torre Trencada
Wo-gibt-es-was? - Hinweis — 3
Landschaftlich schöne Strecke
Aussichtspunkt
Burg, Schloss - Kirche - Kloster
Ruinen
Denkmal - Höhle
Turm - Leuchtturm
Windmühle - Windrad

Sonstiges

Campingplatz - Badestrand
Pass (Höhe in m) - Wald — 394

Impressum

1. Auflage 2000
Verlag: HB Verlag, Marco-Polo-Zentrum, 73760 Ostfildern, Postfach 3151, 73751 Ostfildern, Telefon 0711/4502-0, Telefax 0711/4502-135, Internet: www.hb-verlag.de
Geschäftsführer: Dr. Thomas Brinkmann, Dr. Stephanie Mair-Huydts

Redaktion und Produktion: Harksheider Verlagsgesellschaft mbH, Fabersweg 1, 22848 Norderstedt, Telefon 040/528862-0, Telefax 040/5234056, E-mail HVGmbh@aol.com
Redaktion: Ulrike Klugmann (verantwortlich), Dr. Johannes Bohmann, Helga Schnehagen, Christoph Schumann **Redakteur dieser Ausgabe:** Dr. Johannes Bohmann
Text und Bildrecherche: Niklaus Schmid, Formentera **Exklusiv-Fotografie:** Mike Schröder, Hamburg **Layout:** Rolf Bünermann, Gütersloh
Karten: © Mairs Geographischer Verlag, Ostfildern
HB-Bildatlas Fotoservice: Harksheider Verlagsgesellschaft mbH, Fabersweg 1, 22848 Norderstedt, Telefon 040/528862-22, Telefax 040/5234056

Anzeigenalleinverkauf: KV Kommunalverlag GmbH, Postfach 810565, 81905 München, Telefon 089/928096-24, Telefax 089/928096-20
Vertrieb Zeitschriftenhandel: Partner Pressevertrieb GmbH, Postfach 810420, 70521 Stuttgart, Telefon 0711/7252-227, Telefax 0711/7252-310
Vertrieb Abonnement und Einzelhefte: Zenit Pressevertrieb GmbH, Postfach 810640, 70523 Stuttgart, Telefon 0711/7252-198, Telefax 0711/7252-333
Vertrieb Buchhandel: Mairs Geographischer Verlag, Marco-Polo-Zentrum, 73760 Ostfildern, Telefon 0711/4502-0, Telefax 0711/4502-340
Reproduktionen: Otterbach Repro GmbH & Co., Rastatt **Druck und buchbinderische Verarbeitung:** Echter Würzburg. Printed in Germany

ISBN 3-616-06114-8

Spreewald · Lausitz
Märkisch-Oderland

Foto: Kahnkorso beim Spreewaldfest in Lübbenau

Auch in Deutschland gibt es noch viel zu entdecken ...

›Und daß dem Netze dieser Spreekanäle nichts von dem Zauber von Venedig fehle, durchfurcht das endlos wirre Flußrevier in seinem Boot der Spreewald-Gondolier!‹ schwärmte schon der Dichter Theodor Fontane. Seit eineinhalb Jahrhunderten verzaubert die heute knapp 500 Quadratkilometer große Wasserlandschaft die Besucher. Der Spreewald ist der bekannteste Flecken der Lausitz, die sich ansonsten, bisher fast unbemerkt, im Osten Deutschlands versteckt.

Vom Oderbruch über den Spreewald bis zu den Höhen des Zittauer Gebirges ist ein buntes Landschafts-Kaleidoskop zu entdecken: naturnahe Flussauen, Seen, künstliche Wasserflächen aus Tagebauen, faszinierende Mondlandschaften der Braunkohlegruben, herrliche Parkanlagen, stille und weitläufige Heide- und Teichlandschaft, natürliche Bergmischwälder, Sandsteinkletterfelsen und erloschene Vulkane. Darin eingebettet sind mittelalterliche Stadtbilder, Schlösser, Kirchen und Klöster, Museen mit Kultur, Kunst und Industriegeschichte, Schmalspurbahnen, ja sogar ein Saurierzoo.

Die Lausitz ist Sorbenland, Heimat des kleinsten slawischen Volks. Und sie ist Reiseland für Individualisten. Für die entstand ein vorzügliches und engmaschiges Radwegenetz, gibt's Wanderwege ohne Ende. Cottbus, Hoyerswerda, Görlitz, Bautzen, Zittau im Dreiländereck zwischen Tschechien und Polen – Autoren und Fotograf des HB-Bildatlas ›Spreewald · Lausitz · Märkisch-Oderland‹ sind auf Entdeckungsreise gegangen – Nachahmung lohnt.

Lieferbare Ausgaben

DEUTSCHLAND

93 Allgäu
198 Altmühltal
108 Bayerisch Schwaben
204 Bayerischer Wald
107 Berlin
185 Bodensee
111 Brandenburg
178 Chiemgau · Berchtesgadener Land
145 Dresden · Sächsische Schweiz
116 Düsseldorf
121 Eifel · Aachen
133 Elbe und Weser · Nordseeküste
77 Emsland · Grafschaft Bentheim
171 Erzgebirge · Vogtland · Chemnitz
190 Fichtelgebirge · Frankenwald · Coburger Land
65 Frankfurt
125 Fränkische Schweiz
131 Hamburg
131 Hamburg, English Edition
73 Hannover · Braunschweiger Land
129 Harz
188 Hessisches Bergland
90 Hunsrück · Naheland · Rheinhessen
103 Köln
209 Lüneburger Heide
137 Mainfranken · Steigerwald · Haßberge
99 Mecklenburg-Vorpommern
151 Mittelfranken
135 Mosel
165 München
119 Münsterland · Münster
153 Nördlicher Schwarzwald
159 Nordseeküste Schleswig-Holstein
196 Oberbayern zwischen Lech und Inn
95 Oberpfalz · Regensburg
143 Odenwald · Kraichgau · Bergstraße
51 Osnabrücker und Tecklenburger Land
155 Ostbayern zwischen Donau und Inn
211 Ostfriesland · Oldenburger Land
168 Ostseeküste Mecklenburg-Vorpommern
157 Ostseeküste Schleswig-Holstein
112 Pfalz
194 Potsdam · Havelland
149 Rhein und Ruhr
127 Rhön
208 Rügen · Usedom · Hiddensee
161 Saarland
78 Sachsen
114 Sachsen-Anhalt
110 Sauerland
200 Schwäbische Alb
179 Seen in Mecklenburg und Lauenburg
147 Spessart
139 Südschwarzwald
182 Tauber und Neckar · Stuttgart · Heilbronn · Rothenburg
173 Teutoburger Wald · Ostwestfalen
94 Thüringen
141 Thüringer Wald
202 Trier
163 Weimar · Erfurt · Nördliches Thüringen
123 Weserbergland
98 Westerwald · Taunus · Rheingau

BENELUX

187 Flandern · Brüssel
146 Holland – Inseln · Küste · Amsterdam
62 Luxemburg

FRANKREICH

160 Atlantikküste
122 Bretagne
67 Côte d'Azur · Monaco
113 Elsaß
85 Korsika
102 Loire
132 Normandie
91 Paris
192 Provence
184 Südfrankreich · Languedoc-Roussillon

GRIECHENLAND · ZYPERN

193 Athen · Peloponnes
140 Griechische Inseln · Kykladen
189 Korfu · Ionische Inseln
81 Kreta
104 Rhodos · Dodekanes
166 Zypern

GROSSBRITANNIEN · IRLAND

158 Irland
197 Kanalinseln
175 London
144 Schottland
124 Südengland

ITALIEN · MALTA

195 Adriaküste · Emilia Romagna
126 Gardasee · Trentino
156 Golf von Neapel · Kampanien
128 Malta
210 Mittelitalien · Marken · Umbrien · Abruzzen
142 Oberitalienische Seen · Lombardei · Mailand
74 Riviera · Genua
105 Rom
136 Sardinien
92 Sizilien
201 Süditalien · Apulien · Basilikata
207 Südtirol
167 Toskana · Florenz
181 Venedig · Venetien · Friaul · Triest

MITTEL- UND OSTEUROPA

164 Böhmen
138 Budapest
148 Danzig · Ostsee · Masuren
120 Prag
152 St. Petersburg

ÖSTERREICH

162 Burgenland
170 Kärnten
199 Niederösterreich · Wachau
100 Salzburger Land · Salzburg
66 Steiermark · Graz
174 Tirol
47 Vorarlberg
206 Wien

SCHWEIZ

154 Basel · Bern · Aargau · Solothurn
115 Graubünden
172 Tessin
191 Westschweiz · Genfer See · Wallis
72 Zentral- und Ostschweiz

SPANIEN · PORTUGAL

130 Algarve · Lissabon
150 Costa Blanca · Valencia · Alicante
109 Costa Brava · Katalonien
83 Costa del Sol · Andalusien
176 Gran Canaria · Fuerteventura · Lanzarote
213 Ibiza · Formentera · Menorca
134 Madrid
212 Mallorca
213 Ibiza
203 Nordportugal
205 Nordspanien
177 Teneriffa · La Palma · Gomera · Hierro

SKANDINAVIEN

183 Bornholm
68 Dänische Inseln
186 Jütland
180 Nordnorwegen
169 Südfinnland · Helsinki
106 Südnorwegen
118 Südschweden · Stockholm

In Vorbereitung

214 Spreewald · Lausitz · Märkisch-Oderland
215 Die Pfalz
216 Wales

Überall im Buchhandel / Bahnhofsbuchhandel erhältlich oder zu bestellen unter Telefon 0711/7252-198, Fax 0711/7252-333